Hansjürgen Vahldiek

Cölln an der Spree

Ursprung und Wandel der Berliner Spreeinsel

Neue Ansätze in der Forschung

Hansjürgen Vahldiek

Cölln an der Spree
Ursprung und Wandel der Berliner Spreeinsel

Neue Ansätze in der Forschung

Verbesserter Nachdruck der Ausgabe Edition Luisenstadt, Berlin 2004
Herstellung und Verlag: Books on Demand GmbH, Norderstedt.

Titelbild: Ausschnitt aus dem Merianstich von 1652
Die Wasserkunst (G), ehemals der Wartturm, davor die Hundebrücke, rechts daneben der Glockenturm (H), ehemaliger Wartturm.

ISBN 3-8334-2506-7

Inhalt

6

Geleitwort

Das Wissen um die Geschichte einer Region hat in den letzten 300 Jahren mehrere Etappen durchlaufen. Jede dieser Etappen hat zur tieferen Einsicht in die geschichtlichen Vorgänge geführt, in deren Ergebnis wir das heutige Natur-, Kultur- und Sozialmilieu vorfinden.

In der ersten Etappe zog die Historiographie ihre Kenntnisse aus schriftlichen Quellen – zunächst aus überkommenen Annalen und Rückblicken, die ihrerseits zumeist am Ende einer langen Kette *mündlicher* Überlieferungen standen und irgendwann zu Schriftlichkeit geronnen waren. In einer zweiten Stufe dieser Etappe schöpften Archivare und Historiker ihr Wissen aus der Sichtung und Auswertung überkommener Urkunden und damit verbundener materieller Hinterlassenschaft. So gaben nun Diplomatik, Numismatik, Sphragistik usw. den Boden für die Kenntnisse von der Geschichte ab.

In der zweiten Etappe etablierte sich die Archäologie als Quelle tieferen Wissens über Vorgänge der Vergangenheit. Ausgehend von der klassischen Archäologie, verfeinerte diese Wissenschaft sich im 19. Jh. in ihrer Anwendung auf heimische Gefilde und brachte mit dem 20. Jh. die Stadtarchäologie als neuen Wissenschaftszweig hervor. Dieser nahm nach dem Zweiten Weltkrieg einen erheblichen Aufschwung, als – insbesondere in Mitteleuropa – beim Wiederaufbau kriegszerstörter Stadtzentren sich die flächenhafte Durchwühlung des Baugrundes mit erheblich erweitertem Grundwissen über Rolle und Bedeutung der Archäologie paarte.

Die dritte Etappe nimmt gerade erst ihren Anfang: die Einführung der Geologie als kräftig sprudelnder Quell für detailliertes Wissen um Vorgänge der Vergangenheit in frühgeschichtlicher wie geschichtlicher Zeit. Seit rd. anderthalb Jahrhunderten verlangen die Baubehörden – zumindest Berlins – vor der Inangriffnahme von Bautätigkeit den Nachweis einer Baugrunduntersuchung. Der erste Versuch eines Geologen, einen Ausschnitt aus der Geschichte Berlins anhand geologischer Aussagen zu überprüfen, den A. F. Lossen im Jahre 1879 unternahm, war ein kühnes Unterfangen; dessen Blick auf die Gründungsperiode der Doppelstadt Berlin-Köln musste aber in weiten Teilen hypothetisch bleiben, weil dem Autor zu jener Zeit noch zu wenige Messdaten zur Verfügung standen. In der Zwischenzeit verfügt das Geologische Landesamt für das Terrain des seinerzeit von Lossen abgesteckten Gebiets der mittelalterlichen Doppelstadt Berlin-Cölln über tausende von Bohrdaten. Sie liefern uns ein dichtes Raster geologischer Spuren, auf dessen Grundlage nun gültige Aussagen zur natür lichen Beschaffenheit des Berliner Bodens auch unterhalb seiner sichtbaren Oberfläche getroffen werden können – und, siehe da, lange tradierte Geschichtsbilder geraten ins Wanken.

Die folgende Abhandlung ist als Beispiel dafür zu verstehen, welche Bedeutung die Geologie als Quelle für geschichtliches Wissen zu erlangen auf dem Weg ist. Der Luisenstädtische Bildungsverein mit seinem auf Berliner Geschichte fixierten Profil sieht es als eine besondere Verpflichtung an, diesen neuen – und tieferen – Blick auf die Berliner Spreeinsel und ihre Geschichte der Öffentlichkeit vorzustellen.

Dr. Kurt Wernicke

Einführung

Seit Jahrhunderten beschäftigt man sich mit der Frage, wie hat sich unsere Region entwickelt? Im 16. bis 18. Jh. sammelte man die mündlichen Überlieferungen und legte sie schriftlich nieder. Ein typisches Beispiel dafür sind die Arbeiten von Bekmann. Er hielt seine Erkenntnisse handschriftlich fest und ein Nachkomme brachte sie in gedruckter Form heraus [1].

Seit dem 19. Jh. erfolgte dann eine Auswertung der überkommenen Urkunden. Historiker bemühten sich, aus diesem umfangreichen Material ein geschlossenes Bild zu schaffen. Dabei ließen sie die wasserwirtschaftlichen und geologischen Aspekte weitgehend außer Acht, was punktuell zu fehlerhaften Beurteilungen führte.

Erstmalig wurde die Struktur des Geländes und die Erdschichtung „sichtbar", als der Geologe Lossen seine geologische Karte von Berlin [2] einschließlich der Profildarstellungen im Jahr 1879 herausbrachte.

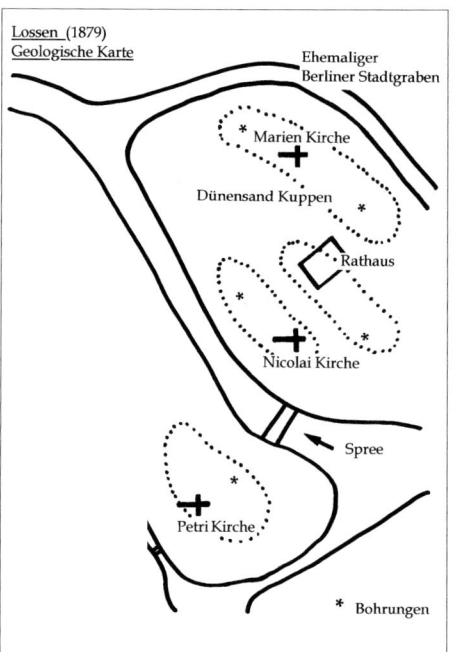

Abb.1 Darstellung von Lossen:
In Berlin und Cölln gab es gemäß seiner
Vorstellung Dünensandkuppen, auf denen die
Kirchen errichtet worden sein sollen.

Erwartungsgemäß gab es dabei auch Fehleinschätzungen [3], denn ihm standen nur begrenzte Datenmengen zur Verfügung. Dazu kam, daß die Analyseverfahren noch nicht so ausgereift waren, um die Schichtenfolgen sicher zu bestimmen. Er interpretierte die wenigen Bohrdaten im Sinne der Vorstellungen des 19. Jh.. So zeichnete Lossen in seine Geländeprofile drei Fließtäler mit einer Tiefe von 10 m. Das entsprach der verbreiteten Meinung, daß sich die von Stralau aus kommende Spree in drei Arme aufgeteilt habe. Dabei sollen zwei natürliche Inseln entstanden sein, auf denen Berlin und Cölln gegründet wurden. Wie sich aber mit der heutigen Geologischen Karte zeigen läßt, war das eine irrige Meinung. Lossen schrieb auch, daß man Berlin und Cölln bei den umfangreichen Bauarbeiten im Laufe der Zeit bis zu einer Tiefe von 4 m „durchwühlt" hat und es daher unmöglich ist, Aussagen über die früheren Geländeverhältnisse zu machen. Die von ihm angegebenen Dünensandkuppen, die er mit einer Höhe von 1,5 m angab, waren also Vermutungen, denn an den angegebenen Stellen ist niemals Dünensand nachgewiesen worden. Der Geologe Assman[1] hat, falls es überhaupt jemals im Altberliner Gebiet Dünensand gegeben haben sollte, für die Dünensandkuppen eine max. Höhe von 40 cm errechnet. Daher sollte man diese Sandkuppen in das Land der Legenden verweisen. Fidicin berichtet noch, daß die Petri-Kirche auf einer Dünensandkuppe gestanden habe und schildert das in einem fiktiven Spaziergang[2]. Dem widerspricht aber das Lossensche Profil Nr. VIII, wonach sich die Kirche nicht auf der Kuppe sondern auf deren Fußpunkt befindet.

Begleitet von immer wieder neuen Erkenntnissen, entstanden im Laufe der Zeit zahllose Publikationen über die Entstehungsprozesse von Berlin und Cölln. Bei der Lektüre stößt man aber auf zahllose, unüberbrückbare Widersprüche. Es ist unmöglich, sich daraus ein fundiertes Bild zu machen. Diese unbefriedigende Situation brachte mich zu einem neuartigen Forschungansatz: Nachdem das Gelände für die Zeit der Besiedlung vor 800 Jahren mit Hilfe geologischer Daten rekonstruiert ist, soll die weitere Entwicklung der Stadtstrukturen aus der Lage der Stadtgräben sichtbar gemacht werden, unterstützt durch Informationen, die sich aus frühesten Stadtansichten und alten Stadtplänen gewinnen lassen. Dabei sind Urkundentexte so weit wie möglich heranzuziehen.

Durch diese fundamentale Betrachtungsweise ergab sich schließlich ein Bild, das in sich geschlossen ist, das allerdings häufig im Gegensatz zur gängigen Lehrmeinung steht. Die Grundpfeiler meiner Forschungen sind die Ingenieurgeologische Karte (2003, vorläufige Ausgabe), die beiden ältesten Stadtansichten und zwei alte Stadtpläne. Zunächst wird das Material ungekürzt abgebildet. In den späteren Ausführungen werden sie ausschnittsweise verwendet, um Details herauszuarbeiten.

---

1   P. Assmann: Der geologische Aufbau der Gegend von Berlin, Berlin 1957, Seite 44.
2   Ernst Fidicin: Berlin, historisch und topographisch, Berlin 1840, Band V, Seite XVII.

Die heutige **Ingenieurgeologische Karte von Berlin 423 D (2003)** ist eine Fortschreibung der Lossenschen Karte von 1879. Viele tausend Bohrungen sind dazu gekommen. Die Schichtenfolgen (siehe Anhang) sind nach neuesten Verfahren untersucht worden, so daß sich teilweise ein ganz anderes Bild gegenüber der Lossenschen Karte und ihren Profildarstellungen zeigt.

Die grüne Fläche gibt diejenigen Bereiche an, wo der Talsand des Urstromtales oben ansteht. Die von Südost nach Nordwest fließende Spree und der abzweigende Schleusenkanal, auch Spreegraben genannt, fließen durch einen violett dargestellten Bereich. Die dunklen Flächen bezeichnen die 10 m tiefen nacheiszeitlichen Fließtäler von Spree und Spreearm, während die hellen Partien das Überflutungsgebiet markieren. Hier hinterließen die vor Jahrtausenden, mehr oberflächlich ablaufenden Überflutungen Spuren bis zu einer Tiefe von 5 m. Auf dem rechten Spreeufer, der Berliner Seite, sehen wir eine große Talsandfläche (grün) und auf der linken, der Cöllner Seite, zwei kleine Talsandflächen, die von den Überflutungen nicht angegriffen wurden.

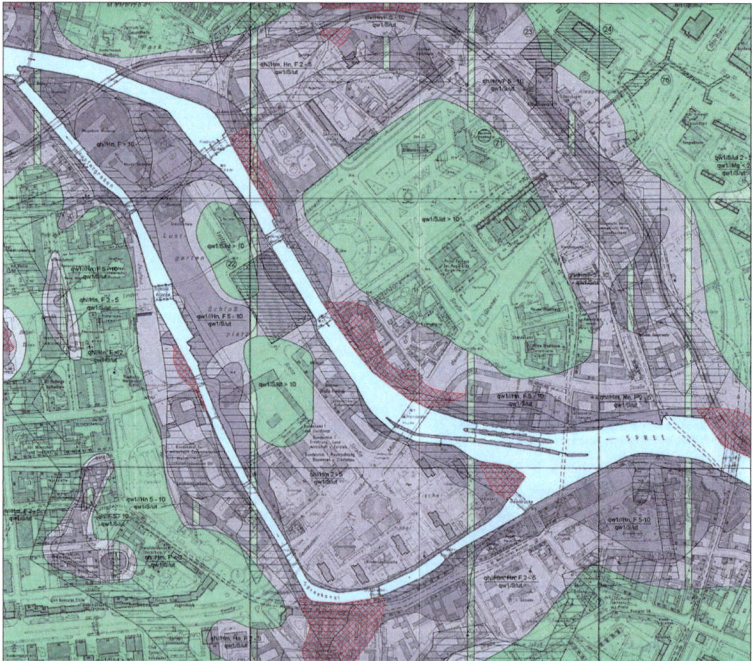

Abb.2 Ingenieurgeologische Karte 423 D, Ausschnitt
(Senator f. Stadtentwicklung, vorläuf. Ausgabe 2003, Redaktionsschluß 1993).

12

Soweit die Analyse. Sie ist der Schlüssel zum Verständnis der Beschaffenheit und Struktur unserer Landschaft. Es läßt sich erkennen, welche Möglichkeiten zur Besiedlung von Berlin und Cölln bereit standen.

Aus der Analyse lassen sich zwei Module entwickeln, auf die später immer wieder zurückgegriffen wird. Daher sollte man sich die Module mit ihrer prinzipiellen Struktur einprägen.

Das **erste Modul** zeigt das 10 m tiefe Haupttal und das Tal des Nebenarms mit seinem bizarren Verlauf. Wie später noch genauer erläutert wird, haben sich beide Täler durch Schmelzwassererosion vor 12 000 Jahren gebildet.

Das **zweite Modul** stellt das *Überflutungsgebiet* dar, in dem sich drei Talsandinseln erhalten haben.

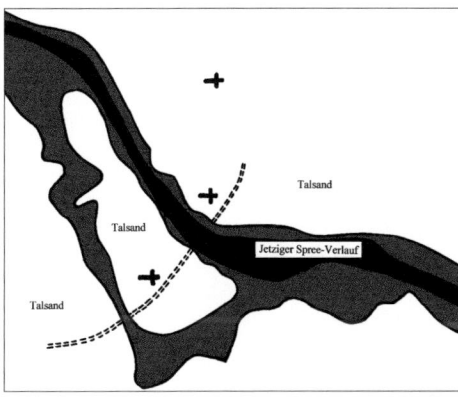

Abb.3
Module aus der
Ingenieurgeologischen
Karte 423 D (2003):

Die Konturen, die sich
bei der Talbildung und
der Überflutung (unten)
ergeben haben.

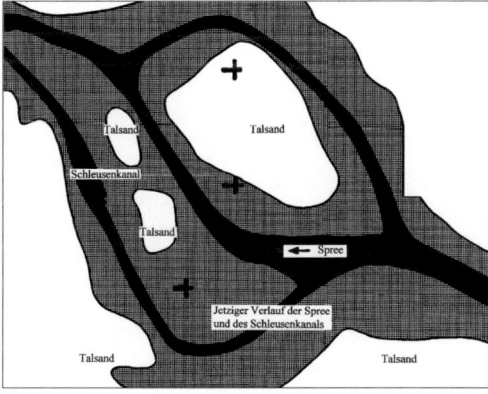

13

Für die Beurteilung der Stadtentwicklung sind alte Stadtansichten und Pläne [4] von größter Bedeutung, weil sie viele nützliche Details bereithalten. Sie werden später noch genauer besprochen. Raoul Nicolas [5] hat auf den Informationsgehalt der ersten Stadtansichten hingewiesen.

Bei der **ersten Ansicht** befindet sich der Betrachter auf den Weinbergen, die sich einst im Bereich des Humboldthafens befanden. Man sieht einen Spreebogen. Vor dem Schloß liegt der Lustgarten, der durch einen Bretterzaun von einer Wiesenlandschaft abgegrenzt ist. Die Situation bezieht sich auf die Zeit um 1635 bis 1639. Raoul Nicolas weist daraufhin [6], daß in der Wiesenlandschaft weder ein Spreearm noch ein Graben, der dem jetzigen Kupfergraben entspräche, erkennbar ist. Im Kapitel Lustgarten wird darauf noch genauer eingegangen.

Abb.4 Erste Stadtansicht, datiert auf 1635.

Kurfürst Georg Wilhelm auf dem Pferd. Kupferstich in der damals typischen Manier. (Ansichtensammlung Landesarchiv Berlin, F Rep. 250–01).

14

Als **zweite Ansicht** der Merian-Stich, der auf 1652 datiert ist. Es wird aber die Situation um 1647 gezeigt. Das Gewässer in der Mitte ist die Zufahrt von der Unterspree zur Kammerschleuse (an der Schleusenbrücke). Als spätestes Datum für die gezeigte Situation kommt das Jahr 1648 in Frage, weil das Gewässer in dieser Zeit umgeleitet worden ist. Weitere Anhaltspunkte: Vorne rechts die Allee mit Nußbäumen und Platanen, die ab 1647 gepflanzt wurde. Das 1652 fertigge-stellte Lusthaus ist noch nicht abgebildet.

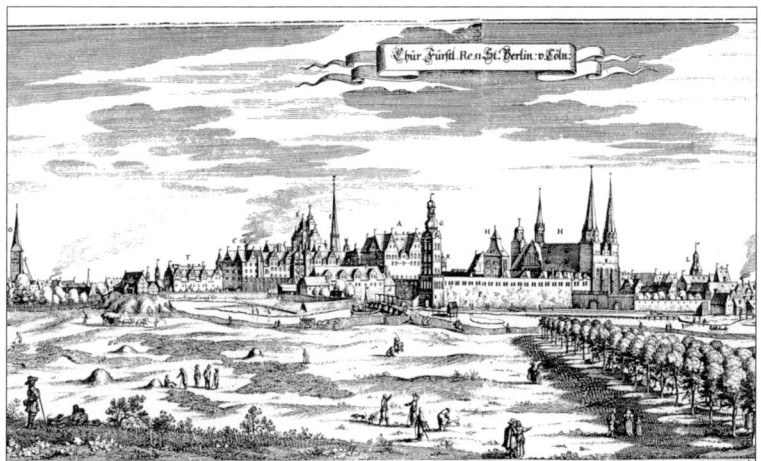

Abb.5 Merianstich, datiert auf 1652. Die Situation dürfte der um 1647 entsprechen

Der Kupferstich wird Caspar Merian zugeschrieben, da Matthaeus Merian d. Ä. seit 1645 nicht mehr arbeiten konnte. Die „Ansicht" ist Bestandteil einer Sammlung als Widmung der Erben an den Großen Kurfürsten mit dem Datum 14. April 1652.
(Topographia Electoratus Brandenburgici et Ducatus Pomeraniae, Frankfurt 1652)

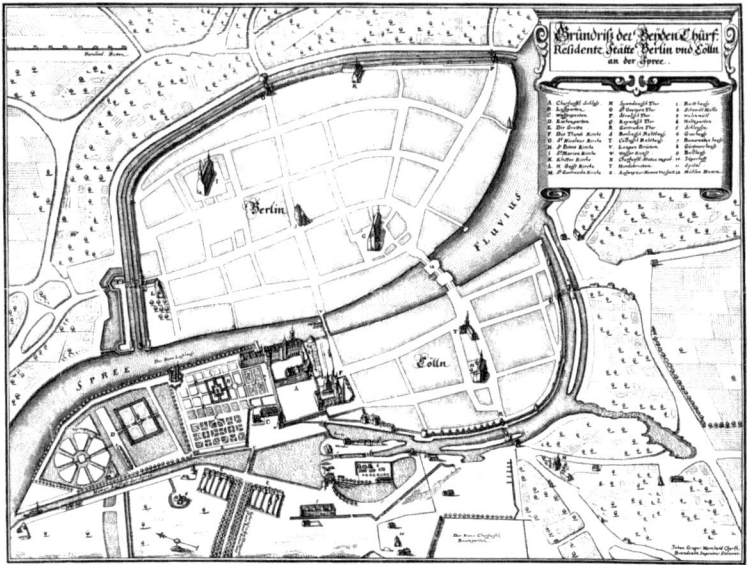

Abb.6 Memhardt-Plan, datiert auf 1652. Ansicht von Berlin und Cölln.

Der erste Plan von Berlin und Cölln ist der bekannte **Memhardt-Plan**, der auf 1652 datiert ist. In der Mitte des Lustgartens liegt das Lusthaus an der Spree. Die Darstellung des Lustgartens selbst, also das links vom Schloß (A) gezeigte Gelände, muß angezweifelt werden. Besonders für die Teichlandschaft ganz links, die auf der heutigen Museumsinsel gelegen haben soll, gibt es keinerlei Hinweise. Man muß davon ausgehen, daß diese Teiche niemals existiert haben. Sehr gut ist der Verlauf der alten Stadtmauern und der Stadtstruktur zu sehen. Im Bereich des am Schloß liegenden Klosters sind noch Mauerkomponenten aus frühester Zeit erhalten. Ferner die Gewässer rund um die Kammerschleuse (in der Mitte unten) am Friedrichswerder. (Landesarchiv Berlin).

16

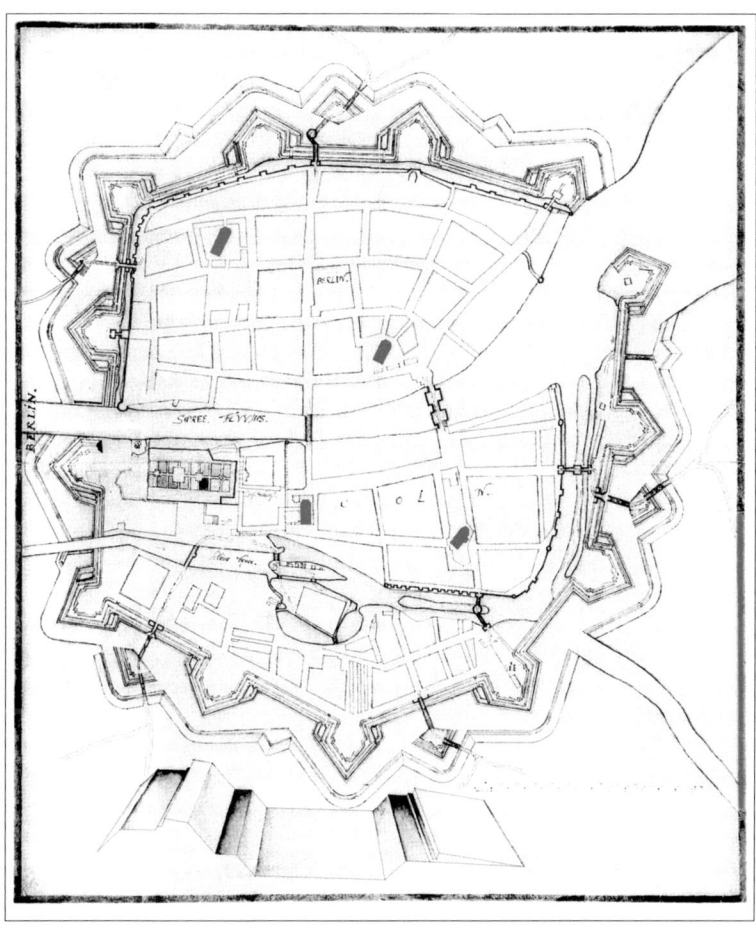

Abb.7 Der Dresdner Plan, Berlin und Cölln, datiert auf 1657.

Der **Dresdner Plan**, nach seinem Fundort benannt, ist auf 1657 [7] datiert. Die Wiedergabe ist stark verblichen. Dennoch enthält er wichtige Details. Interessant ist, daß die geplanten Festungswerke über die reale Situation gezeichnet sind. Es ist also ein Plan, der ebenfalls die momentane Situation von 1657 zeigt. Daraus ergeben sich bereits Unterschiede zum wenige Jahre älteren Memhardt-Plan. So ist der Lustgarten glaubhaft wiedergegeben. Die Teichlandschaft fehlt.

17

Kapitel 1: Zur Landschaft von Berlin und Cölln

Die damalige Landschaft hielt zur Besiedlung Strukturen bereit, die die Entwicklung einer mittelalterlichen Stadt begünstigten. Geht man nämlich der Entwicklung der heutigen Stadtstrukturen nach, so läßt sich ganz deutlich erkennen, wie man sich einstmals an den natürlichen Gegebenheiten orientierte und sich das Gelände zu nutze machte. Leider wurde diese einstige, von sehr komplexen nacheiszeitlichen Prozessen geformten Landschaft im Lauf der Jahrhunderte durch zahllose Bauvorhaben so stark verändert, daß es schwierig ist, Aussagen über das damalige Terrain zu machen und die jetzige Situation gedanklich zurück zu entwickeln. Wegen der fehlenden Berichte aus frühester Zeit ist die Geologie gefragt. Sie soll uns Anhaltspunkte liefern.

So dachte auch der Vor- und Frühgeschichtler Kiekebusch [8], der schon 1915 eine Zusammenarbeit mit der Geologie forderte. Er formulierte damals: „Die Geologie beschreibt die Geschichte unserer Landschaft". Das Ziel ist es also, solide Informationen zu erhalten. Dazu benutzten wir die neueste Inge-

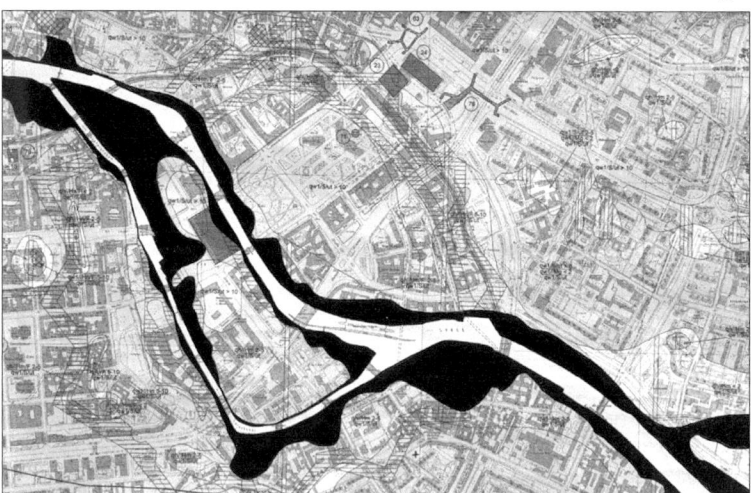

Abb.8 Das alte Spreetal und der Nebenarm ist schwarz ausgefüllt.
Darin die jetzigen Gewässer. Ingenieurgeologische Karte 423D
(Ausschnitt, Senator für Stadtentwicklung).

nieurgeologischen Karte 423 D. Wie sich zeigen wird, können wir die alten Geländestrukturen durch eine Analyse der Karte deutlich erkennen. Es sind die nacheiszeitlichen Vorgänge, die sich anhand von vielen tausend Bohrungen aus dem Alt-Berliner Gebiet nachvollziehen lassen. Durch moderne Verfahren konnten die Schichtenfolgen genau bestimmt werden. Man erkennt die Ausbildung der Flußtäler, die vor 12 000 Jahren entstanden und die Auswirkung der katastrophalen Überflutungen, die die Landschaft in Jahrtausenden ausgeformt hat.

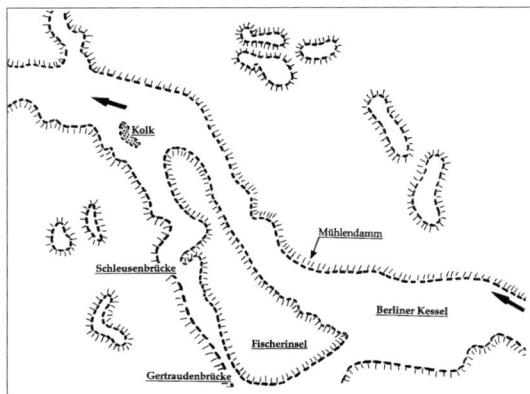

Abb.9 Das Spreetal mit seinem Spreearm (nacheiszeitlich). Vor Berlin lag der Spreekessel, eine seeförmige Erweiterung. Im Uferbereich lagen zahllose Senken, von denen nur die größten abgebildet sind.

Die abgebildeten Konturen des Spreetales wurden aus der Ingenieurgeologischen Karte übernommen. Die Spree, die damals wesentlich breiter war als jetzt, floß von der Jannowitzbrücke aus in den Berliner Kessel, einer seeförmigen Erweiterung. Der Fluß spaltete sich und floß in das nach Norden führende Spreetal[1] mit seiner bis zu 10 m tiefen, steilen Böschung. Am Mühlendamm gab es eine starke Verengung. Davor zweigte nach Westen der ebenfalls bis zu 10 m tiefe Spreearm ab, der in einem großen Bogen um die Fischerinsel lief. Hinter der Gertraudenbrücke folgte dann eine leicht keilförmige Erweiterung, die an der jetzigen Schleusenbrücke endete. Ein fingerförmiges Geländestück ragte in den Spreearm, das wie ein Riegel wirkte und sicherlich der Verlandung und Verstopfung des einstigen Gewässers Vorschub geleistet hat. Der s-förmige Verlauf ging in das weiträumige Mündungsgebiet des Spreearms über, in dem sich heute die Museumsinsel befindet.

Es war eine bizarr geformte Spreeinsel entstanden, die gegenüber der heutigen Situation kürzer war und bereits beim „Alten Museum" endete. Vor der Einmündung kam das Wasser des Spreearms noch mit einem Toteisblock[2] in Berührung, der unter Tage lag (unter dem Südflügel des Pergamon Museums).

1 Die Talsohle wird vom Geologen Lossen (1879) mit 27,5 mNN angegeben. Sie lag zu Beginn sicherlich bei 24 mNN und war durch Schwemmsande erhöht.
2 Eismasse, die nach Rückzug der Eisdecke unter Tage verblieben ist.

19

Bei seinem Wegschmelzen entwickelte sich im Talsand ein Trichter, der bis über 50 m in die Tiefe reichte. Er stand zunächst voll Wasser, das durch den vorbei strömenden Spreearm eine gewisse Rotationsenergie erhielt. Wie in einer Schleuder sammelte sich das heran geführte Material an der Trichterwand (Sand, Muscheln, Mudde u.s.w.). Ein Kolk war entstanden, der wahrscheinlich während der römischen Kaiserzeit mit einer bis zu 20 m dicken Sandschicht abgedeckt wurde.

Abb.10 Schichtungen im Trichter des Toteisblocks, dem Kolk (Südflügel des Pergamonmuseums, Zentralarchiv der Berliner Museen).

Der einstige Spreearm

Die Frage nach dem Zeitpunkt der Verlandung (siehe Verlandungsprozesse) des Spreearms ist nicht genau zu beantworten. Mit Sicherheit war das ein langwieriger Prozess. Zunächst lagerten sich Flußsande in geringen Schichten ab. Dann kamen die Überflutungen mit ihren umfangreichen, aber stark ortsabhängigen Ablagerungen. Dabei wurde das einstmals 10 m tiefe Flußbett des Spreearms im Laufe der Zeit „zugeschüttet". Für den genaueren Verlauf des Verlandungsprozesses wurden Hinweise im Bautagebuch vom Pergamonmuseum[1] entdeckt.

---

1 Im Bautagebuch vom Pergamonmuseum steht für den 29.6.1910 eine Notiz über die Schichtenfolge am Rande des Kupfergrabens. In Verbindung mit der Zeitskale von Jäger ergibt sich: Die Sohle des Spreearms lag bei 27,48 mNN. Darauf lagerten sich bei dem niedrigen Wasserstand der ersten Zeit dünne Schichten ab, die mit einer stärkeren Sandschicht abgedeckt wurden. Die Verlandung kam nun bereits auf 29,50 mNN. Das dürfte vor drei- bis viertausend Jahren der Fall gewesen sein. Während einer der Trockenzeiten reichte es bei niedrigem Wasserstand der Spree aus, daß eine abgelegte Sandbarriere mit Ausfluß den Verschluß den Spreearms bewirkte. Dessen Rumpfstück bildete nun einen länglichen See. In diesem Stillwasserbereich entwickelte sich ein Moor, das bei dem Endstand des Grundwasserpegels von 30,20 mNN zum Stillstand kam. Über einige Jahrhunderte bildete sich der Torfkörper, der während der Römischen Kaiserzeit die endgültige Sandabdeckung erhielt.

Aus der Eintragung über die Schichtenfolge geht hervor, daß in frühester Zeit geringe Mengen schnell abfließenden Wassers nur dünne Schichten abgelegt haben. Später steigerte sich das. Dann entstand ein 0,7 m starker Torfkörper (siehe Foto), der als Endprodukt eines Moores anzusehen ist. Ein Moor kann sich aber nicht in fließendem, sondern nur in einem stehenden Gewässer ausbilden. Der Durchfluß des einstigen Spreearms war damals also bereits unterbrochen. Betrachtet man die Trockenzeiten nach Jäger, trat diese Situation vor mindestens dreitausend Jahren ein.

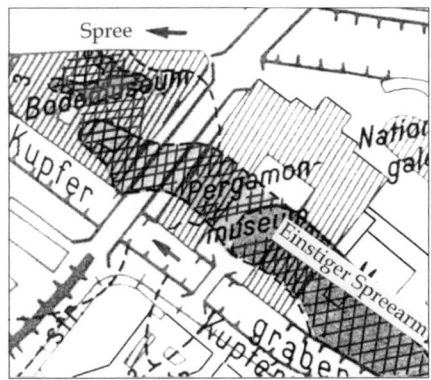

Abb.11 Der einstige Spreearm verlief neben dem Kupfergraben über die Museumsinsel.

Abb.12 Im Vordergrund der Torfkörper des ehemaligen Spreearms, der beim Bau des Pergamonmuseums im Jahr 1911 freigelegt wurde (Zentralarchiv der Berliner Museen).

Die nacheiszeitlichen Prozesse und ihre Folgen

Die Landschaft, in der sich Berlin und Cölln entwickelten, entstand auf dem Talsand des Urstromtales. Mehrere Eiszeiten waren an den übereinander liegenden Schichtungen beteiligt. Immer wieder haben hier Schmelz- und Regenwasser im Laufe der Zeit nach folgendem Satz ihre Arbeit getan: Wo Wasser fließt, wird Boden abgetragen oder überschichtet, je nachdem wie hoch die Geschwindigkeit und der Lauf der Strömung ist!

Als letzte Eiszeit hatte die Weichseleiszeit im Berliner und Cöllner Stadtgebiet ein relativ ebenes Terrain von 34 mNN hinterlassen. Allerdings waren in dem Talsand zahllose Toteisblöcke eingelagert. Das ganze Stadtgebiet beiderseits der Spree war damit überzogen. Am Spreebogen der Dorotheenstadt z.B. lag ein gutes Dutzend von ihnen, teilweise in nur zwei Meter Tiefe. Die tieferen (bis zu 12 m) entwickelten sich später zu „Modderlöchern". Das waren kleine sumpfige Flecken mit einer Ausdehnung bis zu 50 m.

Nachdem sich das Eis vor 12 000 Jahren zurückgezogen hatte, wurde das Gelände zunächst vom Fluß des Schmelzwassers geformt. Später kam noch Regenwasser hinzu. An den tiefer gelegenen Stellen des Urstromtales sammelte sich das Wasser, und es bildeten sich Rinnen, in denen der anfänglich im Dauerfrost befindliche Boden auftaute. Das geschwind abfließende Wasser „schnitt" sich dabei durch den vertikalen Effekt der Schmelzwassererosion immer tiefer in den Boden. Die steilwandigen, einer Schlucht ähnelnden Flußtäler entstan-

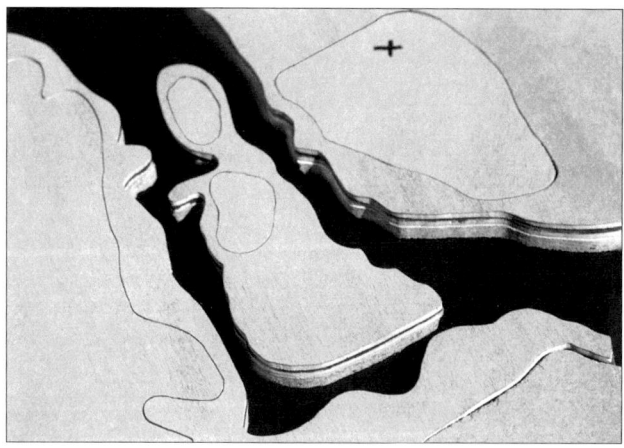

Abb.13 Das Tal der Spree und vorn das Tal des Spreearms, das oben bei der Museumsinsel einmündete.

den. Der Wasserstand im Tal war wegen des guten Abflusses sehr niedrig. Das lag am Pegel der Nordsee[1], der damals wesentlich niedriger war. Als sich dieser Pegel langsam erhöhte, konnte das Wasser in den Flüssen nicht mehr so gut abfließen. Deren Pegel stiegen folglich an. Vor etwa 1200 Jahren (oder früher) scheint sich das heutige Niveau stabilisiert zu haben[2].

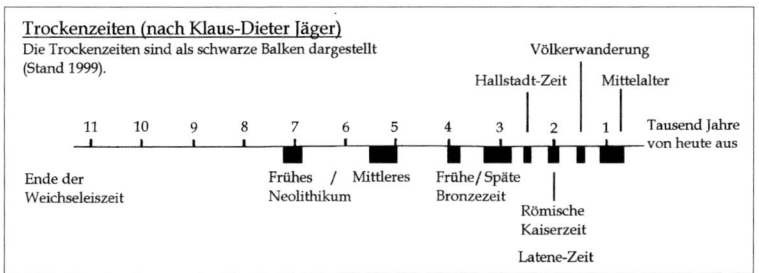

Abb.14 Trockenzeiten (nach Klaus-Dieter Jäger).

Die beträchtlichen Feuchtzeiten wurden durch mehrere Trockenzeiten unterbrochen. Klaus-Dieter Jäger [9] hat uns eine zeitliche Zuordnung geliefert. Dabei sind auch archäologische Erkenntnisse mit einbezogen. So muß vor der Zeit der Völkerwanderung eine ausgeprägte Feuchtperiode mit unerträglich starken *Überflutungen* geherrscht haben. Die Bewegungsmöglichkeit war derart eingeschränkt, daß sich die Menschen sogleich beim Aufkommen der Trockenperiode um 500 n. Chr. auf den Weg machten, um bessere Lebensbedingungen zu finden. Während der Feuchtperioden waren die Wasserstände ständigen Schwankungen unterworfen. Auch in Berlin und Cölln kam es zu massiven Überflutungen. Das Überflutungsgebiet wird von der Ingenieurgeologische Karte ganz unzweifelhaft ausgewiesen. Es hatte etwa 1,5 km Durchmesser. Demnach muß das Gebiet zwischen Alexanderplatz und Kurstraße zeitweilig unter Wasser gestanden haben. Die gravierendsten Überflutungen des Geländes gab es wahrscheinlich in der Römischen Kaiserzeit (Vor 2000 Jahren ff.).

Die Folgen der Überflutung waren gewaltig. Unvorstellbare Mengen an Erdreich wurden bewegt[3]. Es stand auf der Tagesordnung, daß die massiven Überflutungen die Geländestruktur ständig und über lange Zeiträume veränderten. Das Erdreich wurde immer wieder weggeschwemmt und bei entsprechender

---

1 Während der Weichseleiszeit hatte sich der Pegel der Nordsee um 100 m abgesenkt. Im Boreal (vor 9000 Jahren) stieg der Pegel wieder wegen der Eisschmelze rasant um 50 m an.
2 Die Schichtenfolgen der geologischen Bohrungen liefern zahllose Hinweise, daß sich der Normalstand auf 30,3 mNN einpegelte. Das ist die Größenordnung der heutigen Unterspree.
3 Der gesamte Spreearm und der Bereich der Museumsinsel wurde „zugeschüttet".

Strömung später wieder an anderer Stelle abgelegt. Das Wasser bahnte sich nach „Tagesform" seinen Weg, der sich ständig änderte. Es herrschten chaotische Verhältnisse! Die Geologen sprechen von „dynamischen Prozessen".

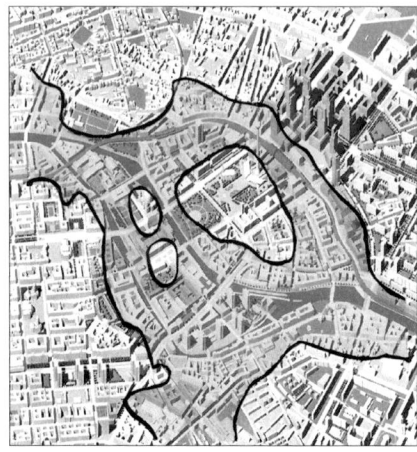

Abb.15 Überflutung des Berliner und Cöllner Raums (Durchmesser 1,5 km). Inselförmig liegt in „Berlin" eine Talsandfläche, in „Cölln" sind es zwei kleine Flächen.

Wenn am Ende einer Feuchtzeit langsam das Wasser verschwand, tauchte eine völlig andere Landschaft auf: Dort, wo das Wasser seine hauptsächliche Bahn genommen hatte, hatte sich ein breites, flaches Flußbett ausgebildet. Plateaus waren verschwunden oder wesentlich verkleinert. Andererseits waren aber auch ehemalige „Flußtäler" mehr oder weniger zugeschüttet. Während der näch-

Abb.16 Abbildung von Erdschichtungen (Zentralarchiv der Berliner Museen).

24

sten Feuchtzeit wiederholte sich der Vorgang und es entstand wiederum eine neue Landschaft.

Durch das Abtragen und Ablagern von Erdreich und anderen Materialen entstanden unübersichtliche Erdschichtungen. Die Schichtstärken betragen teilweise nur wenige Zentimeter, aber auch 20 m Stärke. War der allgemeine Wasserstand gering, konnte sich in den teichartigen Plätzen im stillstehenden Wasser Faulschlamm und Moor bilden. Bei der nächsten Überflutung kam es zu einer Überschichtung, meist mit grauem Sand. Die Schichten liegen chaotisch, denn bei einem Abstand von nur wenigen Metern zwischen den Bohrungen finden wir bereits ganz andere Strukturen. Das zeigt, wie schwer die zeitliche Zuordnung von Erdschichten ist. Pollenanalysen greifen nicht, weil im Stadtgebiet kaum noch ungestörter Boden zu finden ist.

Vor etwa 1200 Jahren beruhigte sich die Lage und es ergab sich folgendes Bild: In mehreren Senken hatten sich Torf und Mudde gebildet, teilweise durch Sand abgedeckt. In Berlin lag inselförmig eine große Talsandfläche, umgeben vom einstigen Überflutungsgebiet. Dagegen waren in Cölln nur zwei kleinere

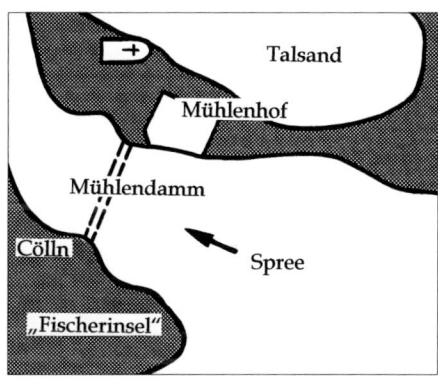

Abb.17 Siedlungsgebiet auf der Berliner und Cöllner Seite (fruchtbarer Boden schraffiert)

Talsandflächen von der eiszeitlichen „Spreeinsel" übrig geblieben. Das Überflutungsgebiet selbst war durch organische Substanzen angereichert.

Was bedeutet das für das Berliner und Cöllner Gebiet? Als positiv ist die Bildung des fruchtbaren Ackerbodens in dem Überflutungsgebiet zu sehen. So wurde die „Fischerinsel" auf der Cöllner Seite ausgiebig von Ackerbauern genutzt. Und in Berlin lag zwischen dem Talsandgebiet und der Spree ein Uferbereich, der ebenfalls beackert wurde. Auch der „Mühlenhof" am Mühlendamm, der später zum „Amt" avancierte, war ein großer Ackerhof, die wirtschaftliche Grundlage des Markgrafen.

Dagegen war der Baugrund unsicher: Die Architekten fanden durch die zahllosen Überschichtungen des verschiedensten Erdreiches, von Faulschlamm, Torf und Mudde, sehr unübersichtliches Land vor.

Besonders trügerisch war der „graue Sand", der während der Überflutungsperioden heran geführt worden war und oben anstand. Er schien tragfähig zu sein. Seine Farbe rührt von kleinen Partikeln organischer Substanz, die mit etwa 5% eingemischt sind. Ist der Boden durch Regeneinträge angefeuchtet, quellen diese Partikel auf. Während einer extremen Trockenperiode ziehen sie sich wieder zusammen, so daß ein variables Volumen oder Nachgeben bei Belastung entsteht. Die Architekten konnten nie sicher sein, ob der vorliegende Boden wirklich trägt. Oft zeigte sich erst später, daß nicht tragende Schichten 5 m oder 8 m unter Tage lagen, von denen man zunächst nichts ahnte, bis sich das Gebäude senkte oder schief stellte. Pfahlgründungen waren also in dem ehemaligen Überflutungsgebiet auf der Tagesordnung. Aber auch außerhalb dieses Gebiets lauerten böse Überraschungen. Es waren die zahllosen, oft überschichteten Senken, die als Baugrund nichts taugten.

Daher hat man oft sicherheitshalber eine Pfahlgründung eingebracht, obwohl sie sehr arbeitsintensiv war. So benötigten ein Dutzend Männer acht Stunden, um einen 20 m langen Pfahl in die Erde zu rammen. Die Pfähle mußten möglichst gerade gewachsen sein, damit sie sich gut einbringen ließen. Oft wurde Fichtenholz, seltener Eichenholz verwendet.

In historischer Zeit packte man zur Stabilisierung der Gründung zwischen die Pfähle große Findlinge. Das zeigen die Fotos vom Abriß des Mühlendamms (1937) in beeindruckender Weise.

Abb.18 Pfahlgründung am Mühlendamm aus historischer Zeit (Abriß 1937).

Abb.19 Pfahlrost vom alten Packhof am Kupfergraben beim Abriß (1912, Zentralarchiv der Berliner Museen).

Wie man bei archäologischen Untersuchungen [10] der Pfahlgründung beim Packhof (um 1830) feststellte, stützten die Pfähle den Pfahlrost nicht gleichmäßig. Manche waren seitlich weggerutscht. Es hieß, der Untergrund sei unstabil, was aber nicht am Boden lag, sondern an der schlechten Pfahlgründung.

Die Stabilisierung durch Findlinge war unterblieben. Das führte zu einem seitlichen Ausweichen der Pfähle, so daß nur wenige Pfähle das Gewicht des Gebäudes aufnahmen, was zu Setzungserscheinungen führte.

Abb.20 Pfähle, die sich wegen fehlender seitlicher Stabilisierung verschoben haben (Quelle wie oben).

Die Auenlandschaft vor der Besiedlung

Als Ergebnis dieser nacheiszeitlichen Prozesse lag schließlich eine Auenlandschaft vor, wie sie Friedrich Solger [11] seit langem beschrieb. Zahllose ins Feld geführte Fakten belegen seine Darlegungen. Er widersprach damit den allgemein verbreiteten Darstellungen in der Berlinliteratur, auch der Annahme des 19. Jahrhunderts, Berlin und Cölln seien auf natürlichen Inseln gegründet worden, was aber natürliche Spreearme voraussetzen würde.

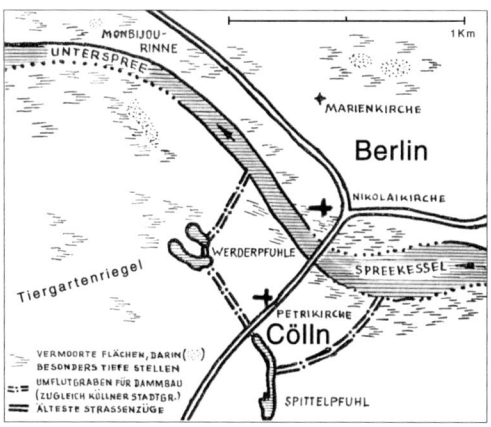

*Abb.21
Solgers Vorstellungen von der Auenlandschaft, in der es zur Zeit der Besiedlung keine natürlichen Spreearme mehr gab.*

In einem Rückblick wollen wir nun die Entwicklung der Landschaft anhand des nebenstehenden Modells noch einmal Revue passieren lassen: Gleichzeitig mit dem Tal der Spree (1) entstand das Tal des Spreearms, welches vor Jahrtausenden verlandete und während der Überflutungen in der Römischen Kaiserzeit durch Sandablagerungen verschwand. Das ehemalige Tal des Spreearms (5,6) bezeichnet man als *Altwasser*, einem etwas tiefer liegenden Geländes, das sich durch seinen besonderen Bewuchs auszeichnete. Der Verlauf war also im Gelände auszumachen.

Dieses Altwasser (5) lief in einem großen Bogen um die Fischerinsel (F). Hinter der Gertraudenbrücke gab es eine Erweiterung bis hin zum Werderschen Pfuhl (2) an der Schleusenbrücke. Wegen der Bebauung ist davon nichts mehr zu erkennen. In nördlicher Richtung war das Gelände (6) niedriger (32 mNN), weil weniger Material bei den Überflutungen abgelegt worden war. Dagegen wurde auf der Museumsinsel relativ viel Material (7) angehäuft. Dort bildete sich ein Terrain von 34 mNN aus.

28

Im übrigen Gelände ist mit einer Höhe des Terrains von 34 mNN (3) bis 33 mNN (8) zu rechnen. Die Landschaft lag um mehrere Meter über der Spree, die bei Normalwasser einen Pegelstand von 30,3 mNN hatte.

Die steilen Ränder des Spreetals (1) fielen um 3 m bis 4 m herab. Dort unten lag das Flußbett. Die Spree floß zwischen zwei schmalen Landstreifen, die bei Normalwasser begehbar waren.

Folglich haben wir es mit einer durchgängigen Auenlandschaft beiderseits der Spree zu tun, mit einer festen Landschaft, in der einige überdeckte Torf- und Muddeschichten lagen. Im späteren Stadtgebiet gab es keine weiteren Fließgewässer und Inseln. Entsprechende Darstellungen, vor allem Karten, die das Gelände aus dem Jahre 1200 oder 1400 u.s.w. zeigen, basieren auf Vermutungen und sind falsch.

Allerdings war das Gelände übersät von Senken. In den tieferen stand das Grundwasser, so daß sich „Modderlöcher" entwickelten. Von den Pfuhlen war der „Werdersche[1] Pfuhl" (2) vor dem Staatsratsgebäude der Wichtigste. Der dortige Boden war ein sumpfiges Feuchtgebiet.

1 Die Spree

2 Werderscher Pfuhl
mit auslaufender
Vertiefung

3 Talsandfläche

4 Vertiefung, in der
sich später der
Weiher bildete

5 Altwasser,
hoch liegend

6 Altwasser,
niedrig liegend

7 Museumsinsel,
hoch liegend

8 Überflutungsgebiet

A Altes Museum

F Fischerinsel

S Staatsratsgebäude

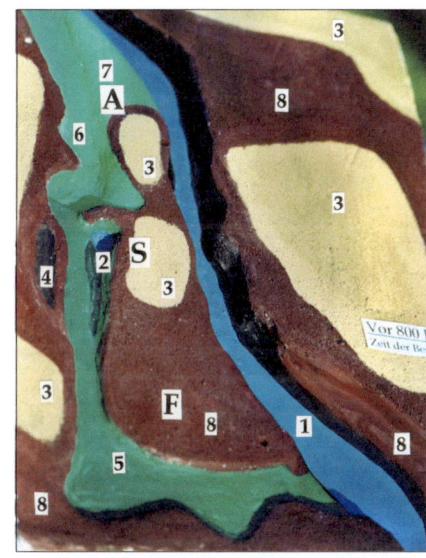

Abb.22 Landschaftsmodell von Cölln und Berlin zur Zeit der Besiedlung

1 Der „Cöllner Werder" ist das Gelände zwischen Altwasser (6) und Spree (1).

Die Ausformung der Fluß- und Auenlandschaft

Mit dieser Profildarstellung wird gezeigt, wie sich die Höhenstruktur bis hin zur Besiedlung und dem Stau am Mühlendamm entwickelt hat: So hatte die Spree zunächst einen Nebenarm, der aber seit mindestens dreitausend Jahren durch Verlandung (s. Anhang) in Festland überging. Während der Feuchtperioden, die durch acht Trockenperioden unterbrochen wurden, bildeten sich Siedlungsbereiche aus, die hochwasserfest und nicht sumpfig waren. Sie wurden daher von den Kolonisten aufgesucht. Als man die Stadtgräben anlegte, orientierte man sich an alten Geländekonturen und erhielt so den günstigsten Verlauf.

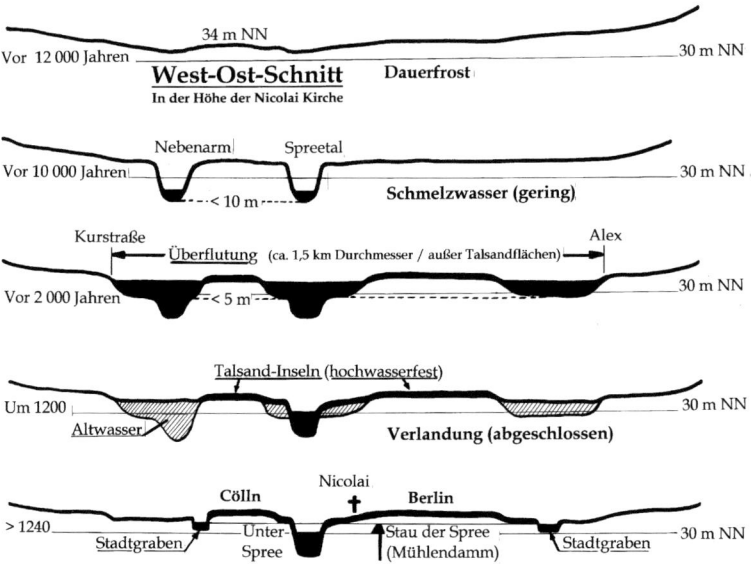

Die **Profile** beziehen sich auf einen **West-Ost-Schnitt**, der in der Höhe der Nikolai-Kirche quer über die Spreeinsel läuft.

1. Profil: Das Gelände des Urstromtales zwischen den Höhenzügen des Teltow und Barnim war von beiden Anhöhen her abschüssig und erreichte in Berlin/Cölln den Tiefstpunkt mit etwa 34 mNN.

2. Profil: Erste Schmelzwasser schnitten sich in das noch im Dauerfrost befindlichen Gelände. Es entstanden zwei Rinnen, der Haupt- und der Nebenarm,

30

die eine Tiefe bis zu 10 m erreichten. Der Wasserstand in den Tälern war zunächst sehr niedrig.

3. Profil: Als sich die Wassermenge durch die allgemeine Klimaveränderung erhöhte, kam es zwischen Kurstraße und Alexanderplatz zu einer Überflutung. Das Erdreich wurde teilweise weggeschwemmt, an anderen Stellen wieder abgelegt, kurzzeitige Vegetationsbereiche wurden überschichtet. Dieser mehrere tausend Jahre dauernde, mehr oberflächlich ablaufende Vorgang erreichte Tiefen bis zu 5 m.

Bemerkt sei noch, daß in Berlin eine größere Talsandfläche (Marienkirche, Rathaus) und auf der Spreeinsel nur zwei kleine Talsandflächen (vor dem Dom und beim Dominikanerkloster) von den Prozessen unberührt blieben.

4. Profil: In dem Maße, wie die Wassermassen mehr und mehr zurückwichen, unterlagen die Flußrinnen und die vertieften Geländebereiche einem generellen Verlandungsprozess. Im Nebental war der Wasserdurchfluß unterbrochen. Die verlandeten Partien der Täler nennt man „Altwasser". Es breitete sich eine Vegetation aus, die zur Auenlandschaft führte. Die Altwasserbereiche überwucherten, lagen aber etwas tiefer als die unangetasteten Talsandbereiche.

5. Profil: Am Rand des Spreetales hatten sich in Berlin wie auch in Cölln Kolonisten niedergelassen. Das Terrain lag einige Meter über der Spree und war hochwasserfest. Durch den Stau der Spree am Mühlendamm füllte man die Stadtgräben der beiden Städte. Sie waren nun umgeben von dem angestauten, also angehobenen Oberwasser der Spree.

Abb.23 Die Stadtgräben nach dem Stau am Mühlendamm, gespeist aus der Oberspree (Prinzip).

Die Altwässer des Spreearms

Wichtige Partien der Stadtlandschaft haben sich auf dem Gelände der Alt-wässer entwickelt. Daher müssen wir uns mit dieser Thematik ausführlich beschäftigen.

Abb.24 Uferweg: Der Bogen um die Fischerinsel (von der Gertraudenbrücke aus gesehen).

Wie die Altwässer entstanden sind, läßt sich gut im Bereich des Uferweges an der Fischerinsel zeigen. Diese Geländekontur entstand vor 12 000 Jahren durch die Ausbildung des Tales des Spreearms. Die steile Böschung ging, wie bei einer Schlucht, 10 m in die Tiefe. Dort unten floß das niedrige Gewässer. Der Durchfluß kam im Laufe der Verlandung zum Erliegen. Später geschah während einer verhältnismäßig kurzen Überflutungsperiode, unterbrochen durch eine 200-jährige Trockenzeit um 500 n. Chr. das schwer Vorstellbare: Das Tal wurde mit einer unvorstellbaren Menge an Erdreich „zugeschüttet", die die Wässer der Überflutung als Fracht mit sich geführt hatten. Das einstige Tal, in das dreigeschossige Häuser gepaßt hätten, war nun verschwunden. Zur Zeit der Besiedlung wird man den Verlauf nur noch durch den besonderen Bewuchs und die leichte Eintiefung in der Auenlandschaft wahrgenommen haben.

Das Terrain des Altwassers lag etwa 1 m über dem heutigen Wasserspiegel des Schleusenkanals. Von diesem Niveau aus wurde der künstlich angelegte Cöllner Stadtgraben eingebracht.

Der Verlauf des Altwassers läßt sich anhand der Ingenieurgeologischen Karte genau verfolgen. Zunächst wird nur der mittlere Teil besprochen, weil er bei der Entwicklung von Cölln eine herausragende Rolle spielte.

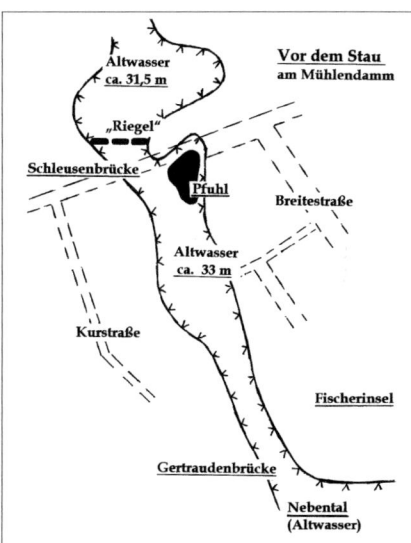

Abb.25 In der Ausbuchtung am Riegel befand sich ein Pfuhl. Das nördliche Altwasser lag etwas tiefer (Geländestufe).

Dieser Altwasserbereich war durch drei Merkmale gekennzeichnet, die noch genauer beschrieben werden:

a) Hinter der Gertraudenbrücke verbreiterte sich das Altwasser, sichtbar durch das keilförmige Auseinanderstreben der Geländekanten[1].

b) An der Ausbuchtung lag der „Werdersche Pfuhl". Der hatte seinen Namen[2] vom „Cöllner Werder".

c) Dann folgte der s-förmige Verlauf an der Schleusenbrücke, wo sich eine Geländestufe[3] befand.

1 Die rechte Böschung („Geländekante") diente bei der Anlage des Cöllner Stadtgrabens zur Orientierung. Als der Schleusengraben im 16. Jh. als Zufahrt zur Kammerschleuse neu angelegt wurde, schüttete man den Stadtgraben zu. Er wurde überbaut. Jetzt wurde die linke Geländekante des Altwassers für den neuen Wasserweg genutzt.
2 Der „Cöllner Werder" ist das Gelände zwischen dem Altwasser und der Spree.
3 Die Geländestufe (etwa 1,5 m) wird noch genauer besprochen (siehe Kammerschleuse). Sie lag an der jetzigen Schleusenbrücke und entstand durch eine unterschiedliche Verlandung im nördlichen und südlichen Bereich des Altwassers.

Zu a) Betrachten wir den Schleusenkanal von der Gertraudenbrücke aus in Richtung Jungfernbrücke. Das linke Ufer liegt auf der linken Geländekante des Altwassers, während die rechte Geländekante des Altwassers unter etwa 20 Grad schräg nach rechts bis vor das Portal des Staatsratsgebäudes lief. Die Häuserfront (siehe Berliner Kammerschleuse) steht also auf dem alten Cöllner Stadtgraben.

Abb.26 Blick auf den Schleusengraben (von der Gertraudenbrücke gesehen). Hinten die Jungfernbrücke. Dahinter das Außenministerium (weißes Gebäude).

Abb.27 Der Cöllner Stadtgraben ging schräg unter der Gebäudefront zum Portal des Staatsratsgebäudes.

34

Zu b) Der „Werdersche Pfuhl", der das gesamte Straßenland vor dem Staatsratsgebäude einnahm, hatte einen Durchmesser von etwa 50 m. Er war im Mittelalter ein ausgesprochenes Hindernis, ein Feuchtgebiet in etwa 3,5 m Tiefe. Dieses „Loch" hatte in Richtung Getraudenbrücke einen grabenähnlichen Auslauf, den man später für den Cöllner Stadtgraben nutzte. Die Lage des Pfuhls (siehe Stadtgräben) bestimmte die städtebauliche Entwicklung von Cölln.

Abb.28 Der Pfuhl nahm das gesamte Straßenland vor dem Portal des Staatsratsgebäudes ein. Beispiel für einen Pfuhl: Zehlendorf, Fischerhüttenstraße.

Zu c) In die Geländestufe wurde um 1553 die Kammerschleuse gebaut.

Abb.29 Die damalige Schleuse in der Geländestufe.

Beim Vergleich zwischen dem Memhardt-Plan und dem Verlauf des Altwassers wird deutlich, wie das Gelände einstmals genutzt wurde. So liegt oben links der Rest der ab Ende des 16. Jh. zugeschütteten seeförmigen Erweiterung des alten Cöllner Stadtgrabens. Dessen Wasser konnte über die Arche abgelassen werden. In der Mitte liegt die Kammerschleuse. Außerhalb des Altwassers hatte sich durch die Grundwasseranhebung (Spreestau am Mühlendamm, Oberwasser) ein flacher Weiher in einer leichten Vertiefung gebildet.

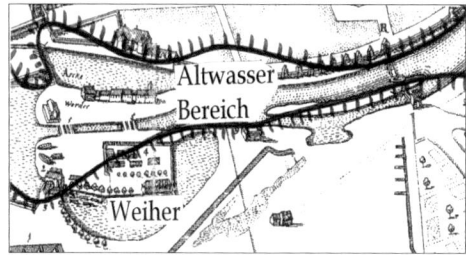

Abb. 30 Das Altwasser ist in den ausschnittsweise wiedergegebenen Memhardt-Plan eingearbeitet. An der Kammerschleuse liegt der vermeintliche „Werder".

Dieses Ensemble aus drei Gewässern führte im 19. Jh. zu der Annahme, daß hier eine Dreiteilung des vermeintlichen „Spreearms" vorgelegen habe. Dazu kam noch, daß man den „Cöllner Werder" in diesen Mittelbereich des Altwassers „verlegt" hatte[1]. So beschreibt der Reisende Hainhofer[2] die Umgebung der Kammerschleuse und sagt (1617): „Man *nennt* es Werder". Er konnte wohl nicht recht glauben, daß dort ein Werder gewesen ist. Auch Clauswitz[3] schreibt: „Der (Friedrichs-) Werder galt seit urvordenklicher Zeit als Kurfürstliches Eigentum". Man hatte wohl vergessen, daß nicht dieses, sondern das Gelände nördlich von Cölln als „Cöllner Werder" im Jahre 1442 an Friedrich II. abgetreten worden war. Nicolai spricht vom Werder. Er meint damit aber Inseln, die im Bereich von den „drei Armen" des „Cöllner Spreearms" liegen. Diese Vorstellung scheint Nikolai aus dem Memhardt-Plan abgeleitet zu haben. Sie ist aber völlig irrelevant. Auch J.M.F. Schmidt [12] stellt das so dar und so hat sich die Vorstellung von den drei Armen und den beiden Inseln[4] bis in unsere Tage erhalten.

---

1 Friedrich Nikolai: Beschreibung der königlichen Residenzstadt Berlin, Band I, Berlin 1786, Kapitel „Friedrichswerder": „Der Werder" liegt bei ihm westlich von Cölln an, obwohl der Begriff für das Terrain zwischen dem Altwasser und der Spree steht.
2 Philipp Hainhofer: in Geyer, Die Geschichte des Schlosses zu Berlin, 1935, S. 102.
3 R. Borrmann, P. Clauswitz: Die Bau- und Kunstgeschichte von Berlin, 1893, S. 70 ff.
4 Die geologischen Karten zeigen anstelle der beiden Inseln zwei Faulschlammbereiche. Das widerspricht der Inseltheorie, denn der Faulschlamm verweist auf stille Gewässer.

Abb.31 Ausschnitt der Karte von J. M. F. Schmidt (1835). Es wird der sogenannte Spreearm mit dem vermuteten Verlauf für das Jahr 1415 gezeigt. Die geologischen Karten zeigen anstelle der Inseln Faulschlamm. Im Vergleich der eiszeitliche Spreearm (gestrichelt).

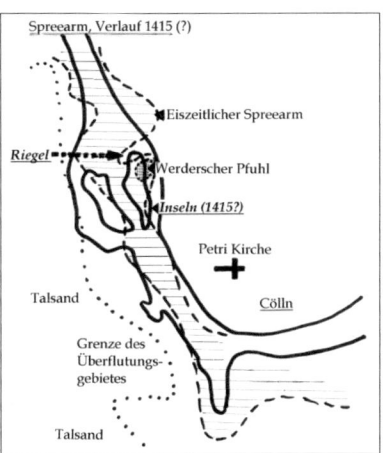

Demgegenüber gibt Klöden [13] eine große Insel als Werder an, die von nur zwei Armen des Spreearms umflossen wird. Es existieren noch ein Dutzend weiterer Darstellungen[1], die allesamt auf Vermutungen beruhen und es scheint, als würden sie sich am Memhardt-Plan orientieren.

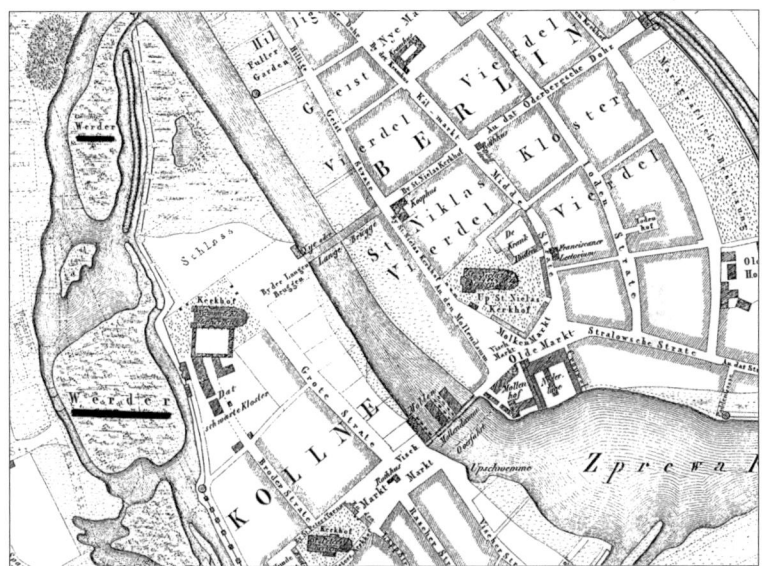

Abb.32 Klöden gibt mehrere Gewässerläufe für verschiedene Jahreszahlen an. Diese Darstellung hier soll für das Jahr 1415 gelten.

1 Erstaunlich bei den Darstellungen ist, daß in einem „natürlichen" Stadtgraben trotz des Staus am Mühlendamm keine Arche oder Stauwehr vorgesehen wird. Die Oberspree fließt somit ungehindert über den „Spreearm" in die Unterspree.

Bisher wurden nur die Konturen des Altwassers, nicht aber die Höhenlagen besprochen. Allerdings wurde schon die Geländestufe an der Schleusenbrücke angesprochen. Das deutete bereits auf verschiedene Höhenlagen des Altwassers hin. So war das Terrain im südlichen Bereich bis zur Fischerinsel höher, während das nördliche Gebiet in bestimmten Bereichen niedriger lag.

Die damaligen Verhältnisse ergaben sich aus einem Experiment und aus den ersten Stadtansichten. Zunächst zum Gebiet nördlich der Gertraudenbrücke. Hier verrät uns der Cöllner Stadtgraben, wie hoch das Terrain des Altwassers gewesen sein müßte: Der Graben reichte bis zum Staatsratsgebäude und führte das am Mühlendamm aufgestaute Oberwasser mit einem Pegel von 32 mNN heran. Das ihn umgebende Gelände mußte also über 32 mNN gelegen haben, damit es den Pegel des Oberwassers überhaupt verkraften konnte.

Zur Erläuterung eine Profildarstellung. Das erste Profil gibt das mögliche Volumen der Verlandung nach der Überflutung und des Altwassers (6) des Spree-

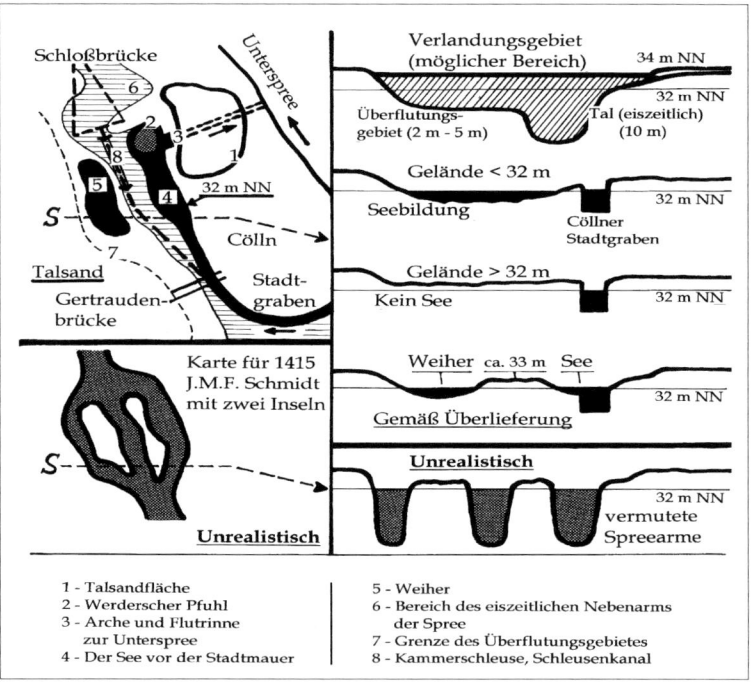

Abb.33 Geländeschnitt durch das mittlere Altwasser (Profildarstellung).

arms an. Um die realen Höhenverhältnisse zu erfahren, unternehmen wir mehrere Experimente: Im zweiten Profil wird angenommen, daß das Terrain unterhalb von 32 mNN, dem Pegel des Cöllner Stadtgrabens, liegt. In diesem Falle würde sich ein großer See bilden. Da das nicht überliefert ist, dürfte das Gelände ein höheres Niveau gehabt haben. Daher wird im dritten Profil dem Gelände eine Höhe von über 32 mNN zugeordnet. Eine Seebildung ist nicht mehr möglich. Nun zum vierten Profil. Das ist eine Darstellung, die der Überlieferung entspricht. Es bildete sich die seeförmige Erweiterung (4) im Zusammenhang mit dem Pfuhl (2) und außerdem ein Weiher (5) im tiefer liegenden Gelände außerhalb des Altwassers. Dazwischen befand sich eine höher gelegene Partie (ca. 33 mNN), die den Weiher und den Stadtgraben abgrenzte und später den Schleusenkanal (8) aufnahm.

Somit dürfte erwiesen sein, daß den Darstellungen mit den drei tiefen Flußtälern im Profil 5, also der Dreiteilung des vermuteten Spreearms und der Bildung von Inseln am Friedrichswerder, keine reale Bedeutung zukommt. Auch sind entsprechende Daten in der jetzigen Geologischen Karte nicht existent!

Betrachten wir noch den nördlich der Geländestufe liegenden Teil des Altwassers. Aus sämtlichen Stadtansichten geht deutlich hervor: Der Graben, der mit der Unterspree (30,5 mNN) in Verbindung stand, ist von einem flachen Ufergelände umgeben, das bei 31,5 mNN gelegen haben dürfte. Das dahinter liegende Terrain stieg zur Spree hin an, denn das Schloß und der Lustgarten[1] lagen auf der nacheiszeitlichen Spreeinsel.

Der nördlichste Teil des Altwassers, die jetzige Museumsinsel, hat eine sehr komplexe Entwicklung durchlaufen und wird daher getrennt behandelt.

Abb.34 Das Schloß mit der Zufahrt zur Kammerchleuse, ein niedrig liegender Graben (Ausschnitt vom Merianstich, datiert auf 1652).

1 Zwischen Schloß und Alten Museum befand sich die nördliche der beiden „Cöllner" Talsandflächen mit 34 mNN.

Die Museumsinsel, Geländebeschreibung

Die Museumsinsel liegt hinter dem Alten Museum auf dem dreieckförmigen Endstück der jetzigen Spreeinsel. Sie hat eine langwierige Entwicklungsgeschichte hinter sich. Dort, wo sich einst der 50 m tiefe Kolk befand und der Spreearm in die Spree mündete, fand in der Römischen Kaiserzeit während der Überflutungsperioden eine meterdicke Überschichtung statt, vorwiegend mit grauem Sand. Das dabei entstehende Terrain war nicht einheitlich[1].

Darauf entstand eine Wiesenlandschaft ohne jegliches Fließgewässer. Schon 1937 hat uns Raoul Nicolas [14] darauf hingewiesen, daß in der Stadtansicht von 1635 im Bereich der Museumsinsel eine Wiese dargestellt ist, die links durch den Spreebogen und in der Mitte durch einen Bretterzaun (jetzt Altes Museum) begrenzt wird. Weder ein natürlicher Spreearm ist zu erkennen, noch der Spreegraben als „Ausfluß" in die Spree.

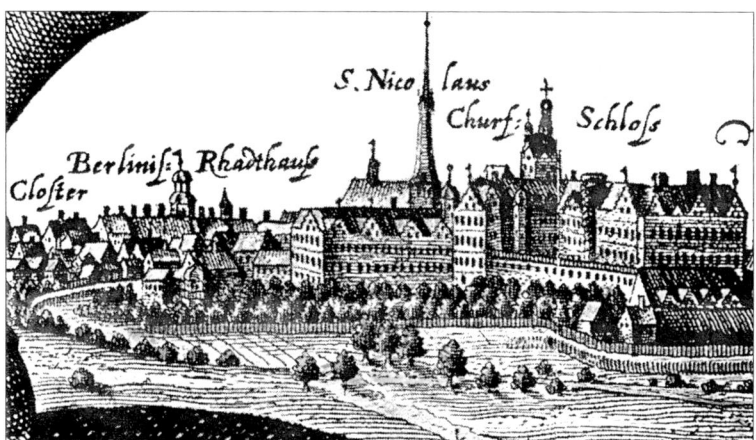

Abb.35 Vor dem Bretterzaun am Lustgarten liegt eine Wiese ohne Fließgewässer, die heutige Museumsinsel. (Ausschnitt der Stadtansicht um 1635).

Keine Spur von einem sumpfigen Gelände. Im Gegenteil. Das Terrain lag bis zu 3,5 m deutlich über der Spree. Mehrere frühe Darstellungen bestätigen uns das: 1660, Elsholz, Blick auf den Lustgarten [15] / 1690, Stridbeck, Blick auf das Schloß [16]. Auf der Spitze der Museumsinsel liegt jetzt das Bodemuseum, dort, wo vor Jahrtausenden der Spreearm in die Spree mündete. Wie das

---

1 Das Spreeufer war niedriger (32 mNN), das mittlere Stück etwas überhöht und zum Kupfergraben hin fiel das Gelände wiederum ab (32 mNN).

Abb.36 Das Bodemuseum an der Spitze der Museumsinsel. Vorn die Spree, rechts der Kupfergraben.

Foto zeigt, fließt nun rechter Hand der Kupfergraben in die Spree. Hier mündete einstmals der um 1647 als Zufahrt zur Kammerschleuse angelegte Graben. Damals wurde damit die Spreeinsel bis hierher verlängert. Um 1830 erfolgte dann die Erweiterung zum Kanal.

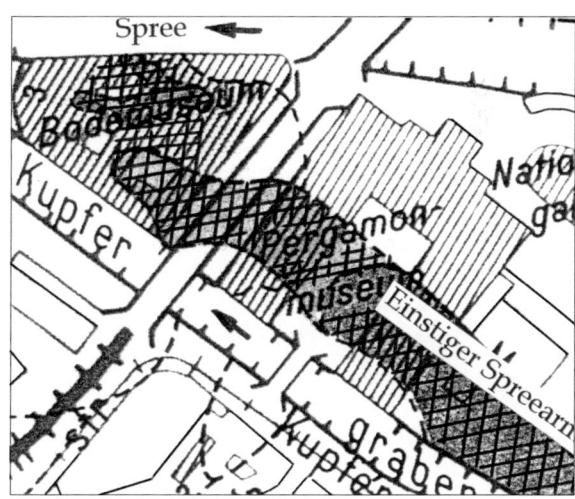

Abb.37 Verlauf des einstigen Spreearms und des Kupfergrabens (Baugrundkarte, Ausschnitt).

Der Verlauf des Spreearms über die Museumsinsel ist aus der Baugrundkarte ersichtlich. Er dürfte etwas östlich von der heutigen Einmündung des Kupfergrabens in die Spree geflossen sein (s. Abb. 37).

In der Achse des Kupfergrabens[1] in Richtung des Portals am Staatsratsgebäude hatte sich eine leichte Eintiefung (wie eine flach laufende Rinne) im Gelände erhalten, die heute noch an den Ufern erkennbar ist. Hier wurde bei den Überflutungen weniger Material abgelegt, so daß man den Durchstich von 1647 wegen des geringeren Aushubs in diese Eintiefung legte. Die geologischen Daten lassen in diesem Bereich auf eine Höhenlage von etwa 32 mNN schließen.

Den Geländeauslauf an der Spitze der Museumsinsel zeigen uns alte Fotos (Fotoarchiv Stadtmuseum). Sie bestätigen ein niedriges Gelände (32 mNN).

Abb.38 Die Museumsinsel um 1850. Deutlich ist der niedrige Uferrand (Cantianstraße und Cantianplatz) zu sehen (Borchel, Blick vom Turm der Marienkirche, Ausschnitt, Lithographie Stiftung Stadtmuseum).

Ähnlich dürfte auch die Situation entlang des Spreeufers gewesen sein, das in der Lithographie aus dem Jahre 1850 zu sehen ist. Der Blick fällt auf die einstige Cantianstraße und das damals niedrige Ufer[2].

Die Frage nach dem Baugrund auf der Museumsinsel beantwortet uns die Baugrundkarte: Nimmt man den Bereich des verlandeten Spreearms und den Kolk aus, lag guter Baugrund vor. Wie wollte man es sich sonst erklären, daß bei

1 Die Behauptung, der Kupfergraben sei der ehemalige Spreearm, ist also sachlich falsch. Er wurde in guten Baugrund gegraben.
2 Ein ausgeprägter Fahrweg ist bereits in den Plänen aus dem Jahre 1723 zu sehen.

der Gründung des Eisenbahn-Viadukts, der heute zwischen den Museen über die Insel läuft, keine besonderen Schwierigkeiten auftauchten [17].

Auch die Auswertung von Fotografien bietet Möglichkeiten, sich eine Vorstellung vom Baugrund zu machen. So kann man aus den Fotos der Baugrube vom Pergamonmuseum zwei Dinge ganz deutlich erkennen: Grundsätzlich war das Gebiet nicht sumpfig und das Terrain nicht niedrig. Im Gegenteil. Das Gelände lag bei 34 mNN, also mehrere Meter über der Spree. Das beweist die 6 m hohe Böschung der Baugrube. Sie besteht durchgehend aus grauem Sand. Eine nachträgliche Auffüllung ist nicht erkennbar. Obenauf hat man einzelne Bäume stehen lassen, als wollte man die Höhe des Terrains markieren. Und der Boden

Abb.39 Baugrube des Pergamonmuseums. Die Sohle der Baugrube liegt bei 28 mNN, 6 m unter Terrain (1911, Zentralarchiv der Berliner Museen). Der Baum rechts steht in einem Bereich, der immer schon unbebaut war. Er steht also auf ungestörtem grauen Sand. Das Terrain ist 34 mNN.

selbst kann nicht sumpfig gewesen sein. Sonst wären die unmittelbar auf den Boden der Baugrube gesetzten Grundmauern versunken.

Das Terrain der Museumsinsel hat sich durch einen interessanten Vorgang gebildet. Während der letzten Überflutungen bildete sich, unabhängig von der Struktur des alten Untergrundes, eine völlig neue Landschaft, eine neue Oberflächenstruktur.

Die dynamischen Vorgänge, wie die Geologen sagen, die sich auswirkten, werden hier besonders deutlich. Nachdem zunächst weite Bereiche nacheiszeitlich abgebaut waren, baute sich das uneinheitliche Terrain wieder auf. Dabei hatte sich parallel zum heutigen Spreeufer ein breiter „Geländerücken" mit 34 mNN aufgetürmt[1], was sich durch eine Verlagerung des Spreeverlaufs während der Überflutung erklären läßt. Die Ingenieurgeologische Karte zeigt nämlich ein flaches, bis zu 5 m tiefes „Flußbett", das östlich von Berlin verlief[2]. Demnach könnte die Spree zeitweilig dort um die Berliner Talsandinsel herum geflossen sein[3]. Im Bereich der Museumsinsel gab es dann eine mäanderförmige Richtungsänderung nach rechts und eine Verengung, so daß linkerhand, also an der Museumsinsel, Flußsande abgeworfen wurden. Die bedeutensten Materialablagerungen liegen als 20 m dicke Sandschichten über dem Kolk.

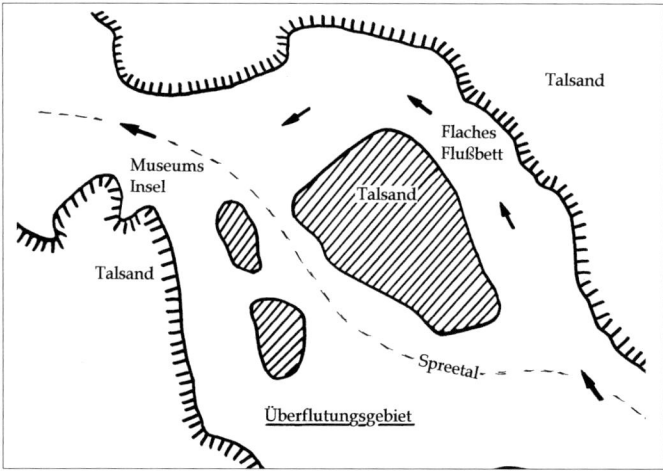

Abb.40 Im Überflutungsgebiet fließen bedeutende Wassermassen nördlich um „Berlin" herum und biegen an der Museumsinsel nach rechts.

1 Die Höhenlage geht aus den Fotos der Baugrube vom Pergamonmuseum 1911 hervor. Die Bohrdaten geben ein Terrain von 34 mNN ± 0,3 m an. Es gibt dort Bereiche mit grauem Sand als durchgehende, 4 m–11 m starke Schicht ohne weitere Einschichtungen, also einen unberührten Bereich.
2 Von Lossen wurde dieses Flußbett als wesentlich tiefer angenommen und zum zweiten natürlichen Spreearm erklärt. Die Kolonisten fanden aber ein verlandetes Gebiet vor, das bei mindestens 32,5 mNN lag. Von einem Spreearm also keine Spur.
3 Sank der Pegel im Überflutungsgebiet um 1–2 m, so trat Land hervor. Die Wassermassen wurden nun in das schmale, eigentliche Bett der Spree, aber auch in das breite, um Berlin laufende flache „Bett" geleitet.

Kapitel 2: Die Besiedlung

Wir wissen nicht, wann die Besiedlung begann und wie sie vonstatten ging. Zwar gibt uns die politische Entwicklung einen gewissen Zeitrahmen, aber mehr als eine Abschätzung ist nicht möglich. Die Archäologen haben mit dem Bohlenfund in der Breite Straße das Jahr 1170 in den Raum gestellt. Das könnte der Beginn der Besiedlung gewesen sein.

Aufgrund der Vorstellung, die wir von der Landschaft gewonnen haben, können wir immerhin deren Entwicklungspotential beurteilen. Hielt doch die Natur Möglichkeiten bereit, mehrere mittelalterliche Ansprüche gleichzeitig zu erfüllen. Man kann davon ausgehen, daß die Prospektoren des Markgrafen von Brandenburg das erkannt haben. Hierher sollte das markgräflichen Quartier, eine entsprechende Politik war einzuleiten.

Augenscheinlich ist doch, daß sich an dem späteren Spreeübergang, dort wo sich die Spree stark verengte, auch noch Wassermühlen betreiben ließen und mit einem Stau der Spree eine Realisierung von Stadtgräben möglich war. Dem Schutzbedürfnis einer sich stark entwickelnden Ansiedlung hätte man so nachkommen können.

Der Rand des Spreetales lag mindestens 3 m über dem Fluß, war also hochwasserfest. Der Boden war fruchtbar, so daß die Siedler direkt am Haus ihren Garten einrichten konnten. In unmittelbarer Nähe gab es ausreichend Ackerland für eine verstärkte bäuerliche Nutzung. Insgesamt günstige Bedingungen für eine Ansiedlung.

Nimmt man den fruchtbaren Boden, der durch die Talsandflächen begrenzt war, als Richtschnur für das Entwicklungspotential für Cölln oder Berlin, so ergibt sich ein interessanter Aspekt. Demnach stand auf der Cöllner Seite mehr Bodenfläche für eine Ansiedlung zur Verfügung als auf der Berliner Seite, wo es nur den begrenzten Geländestreifen in der Ausdehnung des Nikolaiviertels gab.

In Cölln ging man zunächst nicht über diesen fruchtbaren Bereich hinaus. Anders in Berlin. Dort fand, wie später noch erläutert wird, nach 1237 die Ausdehnung nach Norden und damit die Besiedlung der Talsandfläche statt. Damit hatte Berlin Cölln überrundet.

Danach war eine Stadterweiterung nur noch in Cölln innerhalb des Altwassers möglich. Daher baute man nach 1297 nördlich von Cölln das Dominikanerkloster und nach 1442 schließlich das Kurfürstliche Schloß.

Das politische Umfeld

Die Mark Brandenburg ist ein Werk der Askanier. Nach der Völkerwanderung war die Landschaft weitgehend entleert. Erst durch die Landnahme der verschiedensten slavischen Stämme wurde das Land wieder kultiviert. Daraus entwikkelte sich die folgende Situation: Im Osten, bis zur Oder, saßen die Sprewanen, die in Köpenick ihre westliche Grenzburg und Fürstensitz hatten. Im Westen, bis zur Elbe, siedelten die Heveler mit ihrem Fürstensitz in Brandenburg/Havel. Spandau war ihre Grenzburg gen Osten. Zwischen Spandau und Köpenick lag ein extrem schwach besiedeltes Gebiet, das man als Niemandsland und Grenzwald bezeichnen kann [18].

Im Zuge der Ostkolonisation, die erst in der „Deutschen Zeit" (um 1150) vorankam, machten der Erzbischof von Magdeburg, der Bischof von Halberstadt und der Markgraf von Meißen den Askaniern dieses Niemandsland streitig. Mit Geschick und Ausdauer überwanden die Askanier jedoch deren Intrigen und Allianzen.

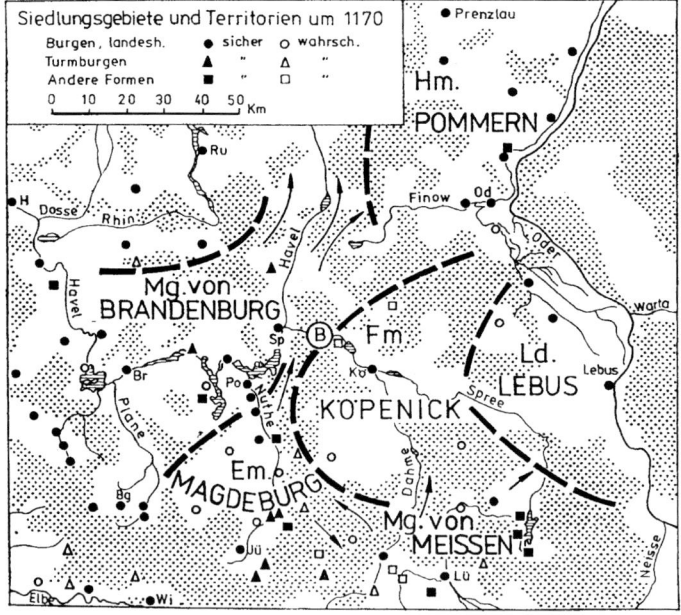

Abb.41 Politische Interessenlage nach Joachim Herrmann

Das Wirken der Askanier

Anhand von Zitaten aus den Regesten der Markgrafen [19] sei nun die politische Entwicklung (bis zur Gebietsabsicherung der Mark) skizziert. Mit der Person Albrecht I., genannt der „Bär", begann die ruhmvolle Zeit der Askanier in der Mark Brandenburg. Als Sohn des Grafen von Ballenstedt war er im altsorbischen Gebiet an der Saale aufgewachsen und kannte die Sprache und Gebräuche der zahlreich ansässigen slavischen Bevölkerung. Das war für ihn später von größtem Nutzen.

Nachdem Albrecht auf seine Ansprüche auf das Herzogtum Sachsen verzichtet hatte, erhielt er von Kaiser Lothar 1134 die Nordmark (spätere Bezeichnung Altmark). Damit war er der Nachbar des Hevelerfürsten Pribislav, der das Havelland regierte. Da Albrecht zu allen Nachbarn gute Beziehungen anstrebte, kam es zu einem engen Schulterschluß mit Pribislav. Das ging soweit, daß der Slavenfürst als Taufpate bei der Taufe seines ersten Sohnes auftrat. Das Gebiet der Zauche war sein Taufgeschenk. Als sich die Kinderlosigkeit aus der Ehe von Pribislav abzeichnete, wurde Albrecht zum Nachfolger bestimmt.

1147: Während des Wendenkreuzzuges ging man gemeinsam mit Heinrich dem Löwen in aller Schärfe gegen die Slaven im nordelbischen Gebiet vor. Das Havelland wurde geschont, um es später unversehrt zu übernehmen.

1150: Pribislav stirbt. Der Hevelerfürst mit dem christlichen Taufnamen Heinrich erinnerte seine Gattin noch auf dem Sterbebett an sein Versprechen gegenüber Albrecht. Nach seinem Tode, der zunächst geheim gehalten wurde, sandte sie nach Albrecht, der erst nach drei Tagen mit seinem Gefolge Brandenburg erreichte und sogleich eine ehrenvolle Trauerfeier ausrichtete. Jaxa von Köpenick, ein entfernter Verwandter von Pribislav, war mit der Situation nicht einverstanden. Im Jahr 1157, als sich Albrecht nicht in Brandenburg aufhielt, bemächtigte sich Jaxa durch Verrat nachts der Stadt. Als Albrecht vom Verlust erfuhr, sammelte er sofort ein großes Heer. Nach schwerem Kampf kapitulierte Jaxa. Am 11. Juni 1157 pflanzt Albrecht sein Banner auf „erhöhter Stelle" ein.

In der Folgezeit war Albrecht wegen seines großen diplomatischen Geschicks meist in Reichssachen unterwegs. Daher kümmerte sich sein Sohn Otto I. als Mitregent um die Belange der Mark Brandenburg und das mit großem Erfolg.

1229: Schlacht bei Plaue mit dem Erzbischof von Magdeburg. Durch unglückliche Umstände verliert der Markgraf diese Schlacht und muß fliehen. Brandenburg hatte wegen der hereinbrechenden Nacht seine Tore bereits geschlossen. Als letzte Rettung mußte man sich nach Spandau zurückziehen. Auf Grund dieser Erfahrung dürfte Spandau an Bedeutung gewonnen haben.

1237: Brandenburger Vergleich im Zehntstreit mit dem Bischof von Brandenburg. Der Zwist bestand seit 1210. Damals hatte Albrecht II. den Zehnt für die neu eroberten Länder für sich beansprucht und eingezogen. Nun endlich gab

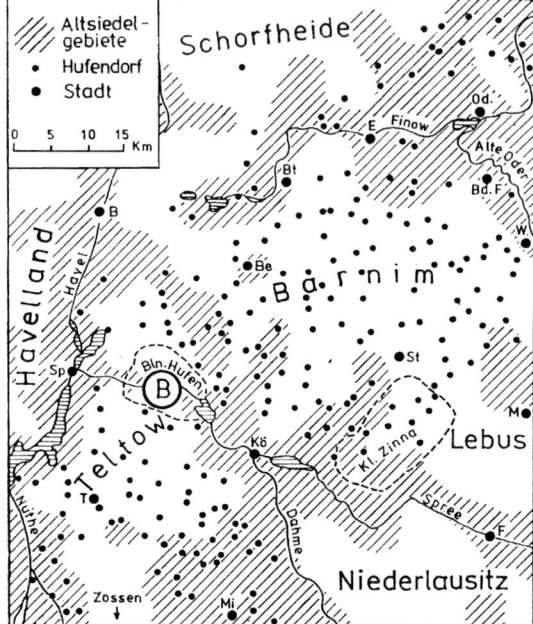

Abb.42 Neu gegründete Dörfer im Umland. Im Norden der Höhenzug des Barnim, im Süden der Teltow, nach Joachim Herrmann.

es den Vergleich. Wichtig ist nicht nur die Namensnennung vom Prediger Simeon aus Cölln, sondern die Festlegung, daß ein Archidiakonat errichtet wird und der Markgraf den Archidiakon[1] bestimmen kann.

Berlin und Cölln hatte sich bereits zu einem Zentrum der vielen im Umland neu gegründeten Dörfer entwickelt [20]. Da Berlin aber die örtlichen Entwicklungsmöglichkeiten bot, wurde hier außer dem kirchlichen auch ein markgräfliches Quartier eingerichtet. Das war für Berlin eine starke Aufwertung. Spandau war überrundet. Da es keine Burg gab, dürfte man eine Stadtbefestigung als burgähnlichen Ersatz [21] in Angriff genommen haben. Dazu gehörten Stadtgräben, die um Berlin und Cölln zu ziehen waren. Da der Vergleich erst im Februar 1238 rechtskräftig wurde, dürfte man die Stadtgräben im Herbst bei Niedrigwasser ausgehoben und durch den Stau der Spree mit dem angestauten Wasser gefüllt haben.

1239: Streit um die Burgen Köpenick und Mittenwalde. Der Markgraf von Meißen machte seine Ansprüche geltend. Der Markgraf von Brandenburg übergab dem Erzbischof von Magdeburg treuhänderisch die Burgen.

1240, Anfang Mai: Die Burg Köpenick wird treulos vom Erzbischof von Magdeburg an den Markgrafen von Meißen übergeben. Auf dem Teltow kommt

1 Ein Archidiakon ist ein geistlicher Herr, der in den verschiedenen Distrikten des Bistums die kirchlichen Rechte wahrnimmt und die Oberaufsicht führt. Damit hatte der Markgraf großen Einfluß auf die Kirchenregierung. Die erste Probstei wird 1244 in Berlin erwähnt. Weitere folgten durch Gebietserweiterung.

48

es zum Kampf zwischen dem Markgrafen von Brandenburg auf der einen Seite und dem Erzbischof von Magdeburg und dem Markgrafen von Meißen auf der anderen Seite. Nach dem Sieg des Brandenburgers wird befohlen, daß dieser beide Burgen erhält und man ihn nicht mehr bekriegen darf.

1240, Juni: Kampf bei Mittenwalde. Die Markgrafen von Brandenburg, Johann und Otto, stellen den Markgrafen von Meißen, der den Barnim bis Strausberg verwüstet hatte. Während der Kämpfe kommt die Nachricht über den Einfall in die Altmark durch den Bischof von Halberstadt. Während Otto auf dem Felde bleibt, erreicht Johann in einem Tages- und Nachtritt den völlig überraschten Gegner und bereitet ihm eine vernichtende Niederlage. In der Folgezeit kommt es immer wieder zu Überfällen, die aber zurückgewiesen werden.

1245: Friedensschluß. Zwei Ministralen aus Brandenburg und Magdeburg gelang es, den Streit zu schlichten. Selbst der Böhmenkönig war zuvor erfolglos. Er bezeichnete nun alle Kontrahenten als seine gemeinsamen Freunde.

1247: Bestätigung der Grenzen der Mark Brandenburg. Aus einem Schreiben der Markgrafen an den Abt des Klosters Zinna wird das Gebiet deutlich.

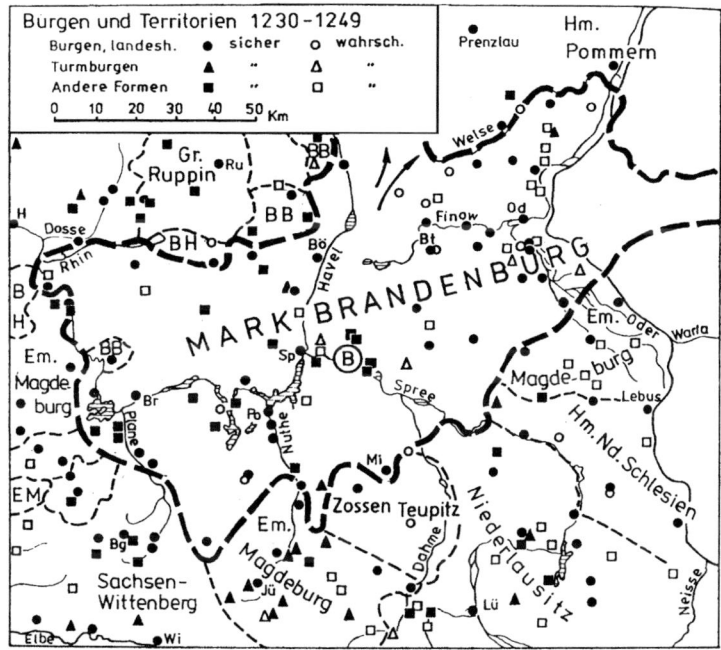

Abb. 43 Gebiet der Mark Brandenburg 1247 nach Joachim Herrmann.

Erste Ansiedlungen in Berlin und Cölln

Der Landweg zwischen Spandau und Köpenick verlief in slavischer Zeit weit südlich vom späteren Berlin und Cölln. Nachdem um 1150 die „Deutsche Zeit" begonnen hatte, änderte man die Siedlungsstrukturen in Spandau. Schließlich verlegte man den Handelsweg auf die nördliche Spreeseite. Er führte nun oberhalb der Spree über „Berlin", so daß ein Spreeübergang als eine Verbindung nach Süden aktiviert werden mußte.

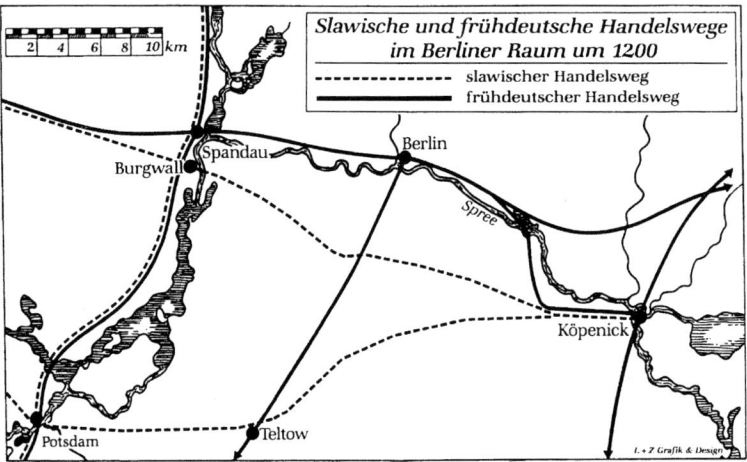

Abb.44 Der Landweg zwischen Spandau und Köpenick zu slavischer und deutscher Zeit (Joach. Herrmann).

Die ersten Kolonisten kamen und ließen sich beiderseits der Spree nieder. Dort, wo sich die Ufer am engsten gegenüberstanden, muß eine Brücke gewesen sein, ähnlich der um 1160 wieder hergestellten alten Brücke, die vom Spandauer Burgwall über die Havel[1] führte. Eine Furt wie die bei Stralau[2] ist in Berlin nicht denkbar[3].

1 Adrain von Müller: Spandau, Fürstenburg, Fernhandelsplatz und frühe Stadt, 1997, S. 47.
2 Erich Specht: Treptow, wie es war und wurde, 1935, S. 99.
3 An der engsten Stelle befand sich auf der Berliner Seite eine tiefgehende, ausgeprägt morastige Stelle. Dort fand man Holzstämme und Faschinen, das Material für einen „Knüppeldamm". Wahrscheinlich diente das aber zur Uferbefestigung in dem morastigen Bereich. Einen flachen Übergang am Ufer, wie bei Furtwiesen oder Furtäckern, gab es nicht. Im Gegenteil: Die Ufer waren steil. Die Böschung hatte eine Mindesthöhe von 3 m, was eine weitläufige Rampe auf beiden Uferseiten erfordert hätte. Auch widerspricht die Tiefe des Flußbettes von etwa 3 m dem „Durchschreiten", der Voraussetzung für eine Furt. Durch die Spreeverengung an dieser Stelle erhöhte sich die Fließgeschwindigkeit des Wassers.

50

Abb.45 Prinzip der Brücken „in deutscher Bauart": Waisenbrücke (Stich von J.G Rosenberg, 1780).

Spuren einer Ansiedlung fand man am linken Ufer der Spree, an der Breite Straße nahe dem Mühlendamm. Die Stabbohlenhäuser [22] könnten um 1170 errichtet worden sein, denn man fand dort entsprechende Dendrodaten an einer Holzbohle.

Dagegen wurden die frühesten Artefaktenfunde in Berlin [23] auf das Jahr 1203 datiert. Es sind Gruben auf dem Grundstück des Podewillschen Palais in der Klosterstraße, in denen Kalk gebrannt wurde. Dieser höherwertige Verarbeitungsprozess läßt darauf schließen, daß Berlin schon Jahrzehnte früher besiedelt war. Neben dem Berliner Kerngelände, dem Nikolaiviertel, könnte sich am Spreeübergang schon früh der Mühlenhof als Acker-

Abb.46 Stabbohlenhaus eines Händlers an der Breite Straße nach M. Hofmann.

hof zur Versorgung der Markgrafen befunden haben. Sicherlich schon mit amt-
lichen Befugnissen, die sich später ausweiteten, so daß es zum „Amt Mühlenhof" kam. Die dazu gehörigen Mühlen, wichtig für das Wachstum der Stadt,
werden wie in späterer Zeit auch als Flußmühlen betrieben worden sein.

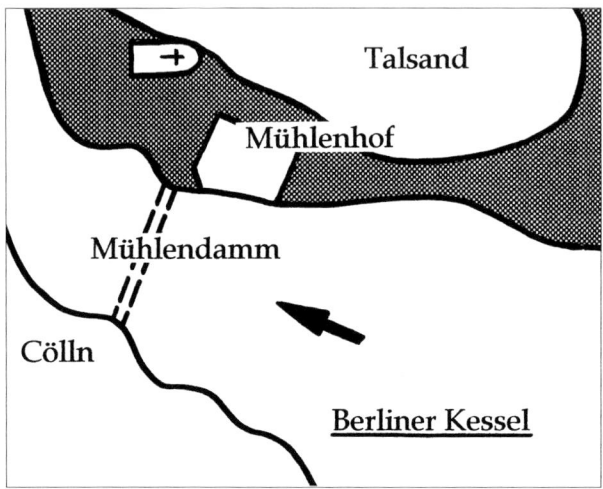

*Abb.47 Berliner Siedlungsgebiet am Ufer der Spree
im Gebiet des fruchtbaren Bodens.*

Woher der Name Berlin und Cölln stammt, ist völlig ungeklärt, so daß sich
eine Spekulation erübrigt. Beide Schwesterstädte müssen sich, wie uns Heinz
Seyer [24] immer wieder erläutert hat, nahezu zeitgleich entwickelt haben. Das
haben archäologische Untersuchungen der Kirchhöfe von St. Nicolai in Berlin
und St. Petri in Cölln gezeigt. Demnach zählte Berlin doppelt soviel Bewohner
wie Cölln. Die Skelette lagen mit dem Blick gen Osten gerichtet, ein Merkmal
für eine christliche Bestattung. Die Männer hatten eine Alter um 38 Jahre, Frau-
en um 26 Jahre, Kinder 2 bis 8 Jahre.

Die Fundamente beider Kirchen, also für Nikolai- und Petri-Kirche, weisen
durch die Bauausführung auf eine Parallelentwicklung der Schwesterstädte hin.
So dürfte es zunächst Holzkirchen gegeben haben. In die dazugehörigen Grä-
berfelder hinein, wobei auch Skelette angeschnitten wurden, baute man die Fundamente der ersten steinernen Vorgängerkirchen. Der Baustil war spätromanisch[1].
Die Fundamente bestanden aus geschütteten kleinen Findlingen.

---

1 Wie die Klosterkirche in Zinna, die Stadtkirche in Strausberg oder Altlandsberg.

Darauf kamen gut gequaderte Findlinge. Der Mörtel war gelblich, ohne Zie-
gelreste. Als Baubeginn wird die Zeit um 1220/1230 angenommen. Nach Schät-
zungen von Michael Hofmann [25] lag die Einwohnerzahl von Berlin bei 150.
Die zweiten Vorgängerkirchen mit einer Datierung[1] zwischen 1260 und 1280
waren frühgotisch. Das Fundamentwerk besteht aus schlecht gequaderten, be-
hauenen Findlingen. Der Mörtel weist eine blauweißliche Tönung auf und ist
mit Dachziegel-Bruchstücken durchsetzt.

Abb.48 Blick ins
Nikolaiviertel. Im Hinter-
grund die Türme der
Nikolai-Kirche und des
Stadthauses. Das Terrain
lag von Anfang an mehre-
re Meter über der Spree
und war hochwasserfest.

---

1 Die Ersterwähnung von St. Nikolai erfolgte 1264 in einem Ablaßbrief. Das kann auch der Beginn
der zweiten Vorgängerkirche sein, denn im Ablaßbrief heißt es: Der Ablaß soll nach Vollendung des
Werkes seine Gültigkeit verlieren.

Die Stadtgräben

Die Entwicklung der Siedlungen Berlin und Cölln verlief rasant. Die neu gegründeten Dörfer der Umgegend [26] hatten sich dicht herangeschoben, weil Barnim und Teltow bis dicht an das Stadtgebiet heranreichten[1]. Als einzige Verbindung mußte der Mühlendamm den ganzen Verkehr aufnehmen.

Durch den Vergleich im „Zehntstreit" des Bischofs von Brandenburg und des Markgrafen im Jahr 1237 kam eine starke Aufwertung von Berlin-Cölln zustande. So wurde in Berlin vor 1244 das Archidiakonat angesiedelt. Ein weiteres kirchliches Quartier kam dazu. Als Amtssitz entstand das Hohe Haus (Klosterstraße 76) im Markgräflichen Quartier. Dem Mühlenhof oblag nun nicht nur die allgemeine Versorgung des Landesherren und seines Hofes, sondern auch die Überwachung des Mühlregals: Es bestand sicherlich von Anfang an Mahlzwang für die Wassermühlen.

Dieses Areal mußte mit einem Graben geschützt werden. Da die Siedlung sehr hoch lag, ließen sich die Stadtgräben nicht mit Grundwasser füllen, sondern es mußte die Spree aufgestaut werden. Wie Klehmet [27] bereits 1908 herausfand, war das eine in der Mark Brandenburg übliche Methode. Allerdings unterbrach das Stauwehr die Schiffahrt auf der Spree. Nur noch eine Teilstreckenfahrt war möglich. Dabei fuhr man z.b. auf der Unterspree bis nach Berlin, entlud seinen Kahn und fuhr mit neuer Ladung wieder zurück. Ein weiterer Nachteil entstand durch das aufgestaute, angehobene Wasser: Das erhöhte Grundwasser im Gebiet des Oberwassers (Oberspree) brachte bei Hochwasser zusätzliche Probleme. Eine möglichst geringe Stauhöhe mußte das Ziel sein. Die Stadt-

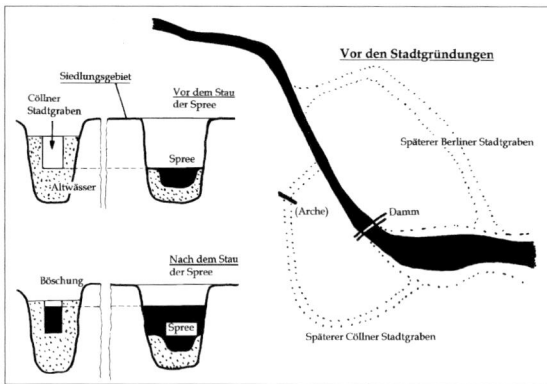

Abb.49 Der geplante Cöllner und Berliner Stadtgraben wurde im Trocknen gegraben und mit dem durch den Stau der Spree angehobenen Wasser gefüllt.

1 Es wird immer gesagt, daß der Spreeübergang hier eingerichtet wurde, weil das Urstromtal bei Berlin und Cölln stark eingeengt ist. Vielmehr hat sich die *Besiedlung* hier zusammengeschoben.

gräben wurden daher in das niedrigere Gelände[1], mit dem Berlin und Cölln umgeben war, eingebracht. Vorteilhafterweise verringerte sich dadurch der Aushub[2] der Gräben und man erhielt zum Siedlungsgebiet hin eine Böschung. Später kam zur Verstärkung eine Stadtmauer hinzu, die genügend Schutz bot.

Wie geschickt man bei der Planung in Cölln vorgegangen ist, zeigt der Verlauf des Cöllner Stadtgrabens. Das Ensemble Spreestau und Cöllner Stadtgraben ist eine Meisterleistung, weil viele Aspekte miteinander verbunden wurden und man die günstigen Eigenschaften der Landschaft nutzte. Es wurde schon früher auf den Werderschen Pfuhl und die zur Gertraudenbrücke hinlaufende Bodenvertiefung hingewiesen. Dort war der „Graben" schon „fertig". Daher brauchte man den Cöllner Graben nur um die Fischerinsel herum bis hin zur Gertraudenbrücke ausheben.

Abb.50 Mit dem Stau der Spree wurden die Stadtgräben geflutet.

Mehrere Bohrdaten weisen darauf hin, daß die Gräben im Trockenen bis zur Tiefe des Grundwasser ausgehoben wurden[3]. Das könnte bei Niedrigwasser im Herbst des Jahren 1238 gewesen sein[4]. Die Gräben füllten sich durch den Spreestau mit dem angehobenen Wasser.

1 Um Berlin lief ein flaches Altwasser (siehe Museumsinsel, Geländebeschreibung) und bei Cölln das Altwasser des Spreearms.
2 Die Gräben liefen entlang einer Höhenlinie, die bei 33 mNN gelegen haben dürfte. Dadurch ergab sich die optimale Stauhöhe von etwa 1,7 m.
3 Die Schichtenfolgen zeigen eine scharfe Abgrenzung zum Faulschlamm, der sich am Boden des Grabens bei 30,3 mNN und darüber gebildet hatte.
4 Der Vergleich von 1237 trat im Februar 1238 in Kraft. Der Stau wirkte sich bis nach Köpenick aus. Zeitlich läßt sich das archäologisch leider nur ungenau eingrenzen (1215 bis 1245).

Das Stauwehr wurde an der Stelle errichtet, wo sich die Spree verengte und sich die beiden Ufer besonders dicht gegenüber standen. Das Wehr wurde als ein Damm ausgeführt, in den man die Gerinne für die Mühlen einbrachte. Dieser sogenannte Mühlendamm, der gleichzeitig eine Brückenfunktion erfüllte, nahm den erheblichen Nord-Süd-Verkehr auf. Die Wassermühlen befanden sich auf der Unterwasserseite. Allerdings setzte diese Konstruktion eine Umflutung voraus, wenn am Wehr oder an den Mühlen Reparaturarbeiten anfielen.

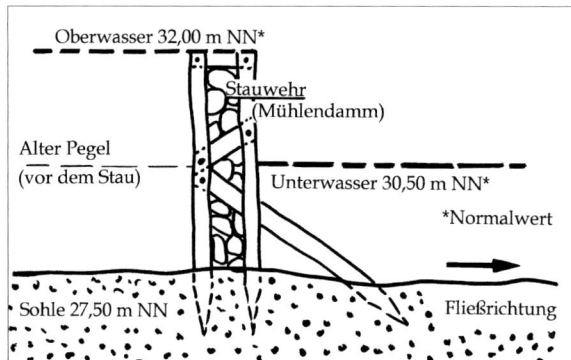

Abb. 51 Prinzipielle Darstellung des Wehres. Eine Mauer aus Holzpfählen, mit Findlingen ausgefüttert, wurde quer durch die Spree gezogen.

Abb. 52 Mühlen am Mühlendamm (Unterspree vor 1838, Stiftung Stadtmuseum).

56

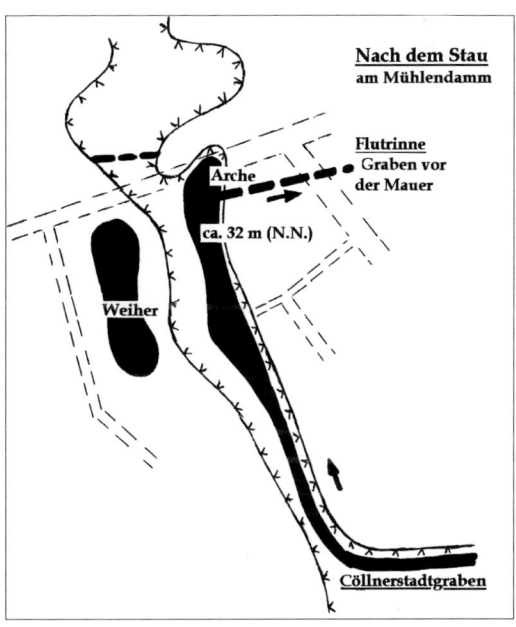

Dann mußte das abgesperrte Wasser umgeleitet werden. Dafür hatte man den Cöllner Stadtgraben vorgesehen. Er sollte bis zum Werderschen Pfuhl laufen, wo sich (evtl.) die Arche befand. Im Normalfall war dieser Sperrschieber geschlossen, um den Abfluß des Wassers in die Spree zu verhindern. War eine Wasserableitung nötig, wurde die Arche geöffnet, um das Grabenwasser durch das Verbindungsstück zur Spree zu leiten. Die Umflutung war perfekt.

Aber so einfach war die Wasserableitung nicht. Da sich das Oberwasser mit einem Pegel von ca. 32 mNN im Graben befand, mußte das Wasser am Grabenende über eine Rinne abgelassen werden. Diesen Graben mit Gefälle nannte man Flutrinne, die den Pegelunterschied zur Unterspree von gut 1,5 m überbrückte. Eine Flutrinne setzt besonders guten Baugrund voraus. Daher hat man ihren Verlauf ganz bewußt quer über die dortige Talsandfläche gelegt.

Am oberen Ende des Stadtgrabens bildete sich durch die Flutung des Werderschen Pfuhls und der davor liegenden Geländevertiefung eine seeförmige Erweiterung, die später zur Gewinnung von Bauland weitgehend zugeschüttet wurde. Hier gab es großen Fischreichtum. Wie das Cöllner Stadtbuch berichtet, waren hierfür besonders hohe Abgaben für die Fischereirechte zu zahlen.

Auf der gegenüber liegenden Seite entstand außerhalb des Altwassers auf dem „Friedrichswerder" ein Weiher, der auch im Memhardt-Plan verzeichnet ist. Man bedenke, daß der Cöllner Stadtgraben das Oberwasser (Pegel 32 mNN) in das Gelände gebracht und somit Grundwasser deutlich angehoben hatte.

Abb.53 Der Cöllner Stadtgraben wurde an den rechten Rand des Altwasser gelegt. Im mittleren Altwasserbereich bildete sich eine seeförmige Erweiterung. Durch den Grundwasseranstieg entstand ein Weiher.

Die Fischereirechte in Cölln

Zunächst ein Zitat zu den Örtlichkeiten aus dem Cöllner Stadtbuch [28] von 1443. Die Überschrift des Urkundentextes lautet: „De ambobus fossatis". Das bedeutet „über die beiden zusammenhängenden Gräben". Damit kommt zum Ausdruck, daß der Cöllner Stadtgraben zwei Abschnitte hatte. Da der weitere Text in niederdeutscher Sprache steht, gestaltet sich die Bestimmung dieser beiden Grabenabschnitte[1] problematisch, denn es heißt dort: „dy by der arken dy *nederste*" (der bei der Arche ist der „*nederste*"). Nun ist uns das Wort „nederster" mit der Grundform „neder" nicht mehr so geläufig[2]. Es bedeutet[3] an sich „unten". Darüber hinaus gibt es eine weitere Möglichkeit, die Richtungsvariante. Die bedeutet „nach unten", so wie es sonst in den Berliner und Cöllner Urkundentexten gebräuchlich war. Und das dürfte die richtige, sinngemäße Deutung sein, denn der längliche See „an der Arche", der im Memhardt-Plan noch erkennbar ist, liegt sozusagen stromabwärts, also dort, wo das Wasser des Stadtgrabens abfließt. Das entspräche auch den Fischereirechten, die aus späterer Zeit bekannt sind. Sie erstreckten sich „von der Fischerbrücke bis zur Schleuse".

Die zu entrichtenden Abgaben belaufen sich in dem einen Abschnitt (an der Arche) auf 78 Groschen, genauer 1 Schock und 18 Groschen. Für den anderen Abschnitt „vor der Stadtmauer" waren es nur 18 Groschen. Dieses ungleiche Verhältnis[4] beträgt 4,3 :1 und ist nur erklärlich, wenn die größere Fischmenge in dem länglichen See „vor der Arche" eingeholt wurde und der Fischfang im anderen Abschnitt „vor der Mauer" (um die Fischerinsel herum) vergleichsweise gering war.

Von einer weiteren Regelung berichtet Fidicin[5]: Noch im 16. Jh. hatten die Bürger das aus frühesten Zeiten stammende Recht, „ebenfalls zu fischen, soweit sie mit den Füßen ins Wasser hineinwaten konnten". Man stieg also zu dem mehr als 3 m unten liegenden Uferweg, der beiderseits der Spree verlief und sicherlich matschig war. Die begehbare Breite richtete sich nach dem Wasserstand.

---

1 „der grafen ys twe".
2 Fidicin als auch Clauswitz dürften das Wort „neder" falsch interpretiert haben.
3 Daher haben Fidicin und Clauswitz das Stück des Stadtgrabens zum Unterwasser hin verlegt, obwohl dort nicht mit einem größeren Fischaufkommen zu rechnen ist.
4 Das läßt sich mit den Kommentaren von Fidicin und Clauswitz nicht in Einklang bringen. So meint Fidicin (1837), der eine Abschnitt ging von der Waisenbrücke bis zur Spreegasse und der andere von dort bis zur Unterspree. Clauswitz (1921) schließt sich dem an und verlegt den Lauf des zweiten Abschnitts zum jetzigen Kupfergraben, der ja in die Unterspree mündet.
5 E. Fidicin: Geschichte der Stadt Berlin, Teil III, Berlin 1837, Seite 76.

Die Flutrinne, ein Graben mit Gefälle

Der Cöllner Stadtgraben endete am einstigen Werderschen Pfuhl, der nun überflutet war. Das Grabenwasser füllte das heutige Straßenland vor dem Staatsratsgebäude weiträumig aus. Von hier aus mußte das gut 1,5 m höher liegende Oberwasser über ein Verbindungsstück vom Cöllner Stadtgraben aus in die Unterspree abgelassen werden. Solch ein Gerinne mit Gefälle nannte man Flutrinne
(Vlutronne, Vluzrenne). Sie gehörte zum festen Bestandteil des mittelalterlichen Arsenals der Wasserbaukunst, wenn es darum ging, den Höhenunterschied
zwischen verschiedenen Gewässern zu überbrücken. Mit dem Gefälle waren
aber verteidigungstechnische Nachteile verbunden, die offenbar durch einen
Außenturm (Wehrturm, Wartturm) ausgeglichen wurden.

Und obwohl eine Flutrinne eine ganz besondere Form eines Grabens dar-
stellt und es bei der Ausführung allerlei zu berücksichtigen gab, wurde für Cölln
nichts davon überliefert. Dennoch bestand die Notwendigkeit, das Wasser aus
dem Stadtgraben abzuleiten. Die Grabungen am Schloßplatz liefern Hinweise
auf einen flach laufenden Graben. Man hat sich offenbar für diese Lösung mit
geringem Gefälle entschlossen, weil eine Flutrinne mit großem Gefälle einen zu
starken Abfluß zur Folge gehabt hätte.

Trotzdem legte man große Findlinge zur Strömungsberuhigung in den Graben und gestaltete den Ausfluß an der Spree als „Wasserfall". Diese Baumaßnahmen setzen allerdings zuverlässiges Bauland für den Graben voraus. Das
stand nur quer zum Werder im Talsandbereich zur Verfügung. Daher knickte der
Graben nach dem großen bogenartigen Verlauf, den der Memhardt-Plan zeigt,
so scharf zur Unterspree hin ab. Der Abfluß wurde so eingestellt, daß eine genügend kräftige Durchspülung des Cöllner Stadtgraben der Verlandung entgegen
wirkte.

Als in der Mitte des 15. Jahrhunderts ein Graben diagonal über den Cöllner
Werder gelegt wurde, hat man ihm ein stärkeres Gefälle gegeben, um ihn für die
Schiffahrt nutzen zu können. Es mußte ja nun ein durchgehender Übergang vom
Oberwasser zum Unterwasser geschaffen werden. Das hatte aber einen wesent-
lich stärkeren Wasserabfluß zur Folge. Den Mühlen am Mühlendamm wurde
dabei etwa 10% – 20% des Wassers entzogen. Das mußte bei der Gestaltung der
Flutrinne bedacht werden. Auch war der Einbau einer Arche[1] erforderlich, die
nur während der Schiffspassage geöffnet war.

---

1 Stauwehr mit Überlauf. Zum Öffnen wurde der senkrechte Schieber hochgezogen.

In einer „Machbarkeitsstudie" wurde das in Abb. 54 gezeigte Modell entwickelt. Im Gerinne wurde ein Gefälle von 1% angenommen. Berechnungen zeigen, daß sich bei geöffneter Arche eine sehr starke Wasserströmung[1] eingestellt hätte, so daß eine Strömungsberuhigung mit Findlingen erforderlich war. Die Seitenwände der Flutrinne mögen mit Bohlen ausgekleidet worden sein.

Noch ein Wort zum Verteidigungspotential einer Flutrinne: Wie Klehmet [29] hervorhebt, ist eine Arche und die Flutrinne ein fester Bestandteil der Befestigungsanlage. Sie haben beide eine schwächende Funktion. So führt der als Flutrinne ausgeführte Graben im Normalfall nur wenig Wasser und erfüllt damit nur bedingt seine Aufgabe als Wassergraben vor der Stadtmauer.

Diesem Manko begegnete man mit einem Außenturm als Wartturm. Wie aus den noch folgenden Darstellungen ersichtlich, stand in auffallender Weise an jeder Flutrinne ein besonders massiv gebauter Außenturm.

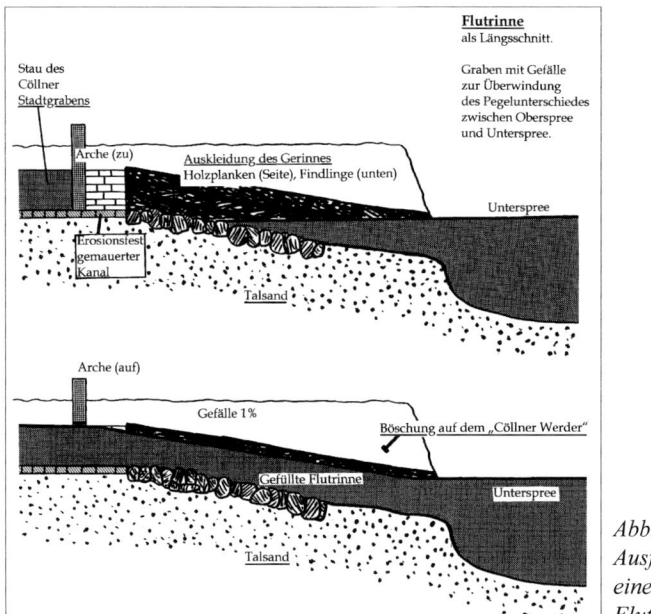

Abb. 54 Ausführung einer Flutrinne

1 Mit einer Strömungsgeschwindigkeit von etwa 3 m/s ist zu rechnen. Das bedeutet enorme Erosions-Kräfte im Graben. Die entzogene Wassermenge von über 10 m^3/s, die den Mühlen am Mühlendamm fehlen würde, war nicht akzeptabel. Daher mußte der Graben zwischen Arche und Unterspree mit riesigen Findlingen ausgelegt werden, um einen Gebirgsbach vorzutäuschen. So ließ sich die Fließgeschwindigkeit auf etwa 1 m/s reduzieren. Der Verlauf mußte möglichst geradlinig sein. Eine Krümmung war nicht erwünscht.

Der Verlauf der Cöllner Stadtmauer

Albert Geyer [30] hat dieses Thema im ersten Teil seines Buches über das Berliner Schloß sehr ausführlich behandelt. Im Bildband (Bild 4) zeigt er den Verlauf der Cöllner Stadtmauer bis zur Sperlingsgasse als Zitat des Memhardt-Plans. Dieser Verlauf ist unumstritten: Um die Fischerinsel herum, weiter an der Gertrauden Brücke vorbei bis zu dem mächtigen Turm an der Spreegasse (jetzt Sperlingsgasse).

Wie ging es nun weiter mit der Mauer? Dazu einen Überblick verschiedener Meinungen. Zum Verlauf der Cöllner Stadtmauer haben sich mehrere Forscher geäußert. A. Beyer sagt, die Mauer lag vor dem Schloß, und Fidicin: Sie verlief diagonal über den Werder. Diese Vielfalt zeigt, wie schwierig eine Antwort ist.

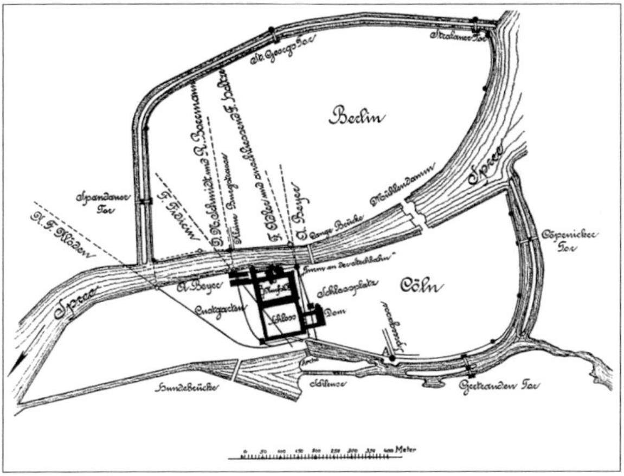

Eines aber verbindet die obigen Meinungen.

Abb.55 Vorschläge für den Verlauf der Cöllner Stadtmauer (lt. Geyer).

Keiner, A. Beyer eventuell ausgenommen, hat berücksichtigt, daß es vor dem Portal des Staatsratsgebäudes den Werderschen Pfuhl gab. Offenbar hatte man davon keine Kenntnis. Dieser Pfuhl war eine nacheiszeitliche Hinterlassenschaft mit einem Durchmesser von über 50 m. Er nahm das gesamte jetzige Straßenland vor dem Portal des Staatsratsgebäudes ein. Somit war dieser Pfuhl im Mittelalter ein beachtliches Hindernis für Baumaßnahmen jeglicher Art. Nach der Flutung durch den Spreestau endete hier der Cöllner Stadtgraben. Demzufolge muß die Stadtmauer über den Turm an der Spreegasse hinaus bis hierher gegangen sein, wegen des schlechten Baugrundes allerdings in gebührlichem Abstand vom Pfuhl.

Des weiteren hat man übersehen, daß es drei verschiedene Bauabschnitte der Cöllner Stadtmauer gegeben hatte. Beim näheren Hinsehen fallen drei mächtige Warttürme ins Auge, jeder in einer gänzlich anderen Bauausführung. Sie müssen folglich aus drei verschiedenen Epochen stammen.

61

Die Grabungen von 1880

Wesentliche Anhaltspunkte zum Mauerverlauf liefert uns die Grabungskarte von 1880. Diese Karte wurde von Geyer ausgewertet und im Bildteil (Bild 6) seines Schloßbuches abgedruckt. Somit ist die genaue Lage des Areals des Dominikaner Klosters[1] bekannt. Zur Beurteilung der Cöllner Stadtmauern im Bereich des Cöllner Werders ist das besonders wichtig.

Die Grabungen fanden im Zuge von Kanalisierungsarbeiten am Schloßplatz statt, besser gesagt, die Tiefbauarbeiten wurden archäologisch begleitet. Federführend war das Märkische Museum. Dabei wurde eine Karte der aufgefundenen Mauern, Fundamente und auch die Situation der beiden klösterlichen Kirchhöfe dokumentiert, die Geyer in seinem Schloßbuch abdruckt. Die Dokumentation reicht bis zum Portal II des Schlosses und gibt die Lage der Klosterkirche, des späteren Doms, wieder, so daß sich daraus die Lage der Stadtmauern vor und nach dem Klosterbau bestimmen läßt. Darüber hinaus gibt es eine weitere, mehr technische Karte von Frings. Er machte in einem Artikel des „Wochenblatt für Architekten und Ingenieure" 1880, S.228 genaue Angaben über das gefundene Material. Der Dombereich wird ausgelassen, dafür sind seine Angaben bis hin zum Portal I ausgeweitet. Daraus folgt, daß die Stadtmauer nicht wie bei Geyer zum Grünen Hut hin abknickte, sondern gerade bis zur Spree ging!

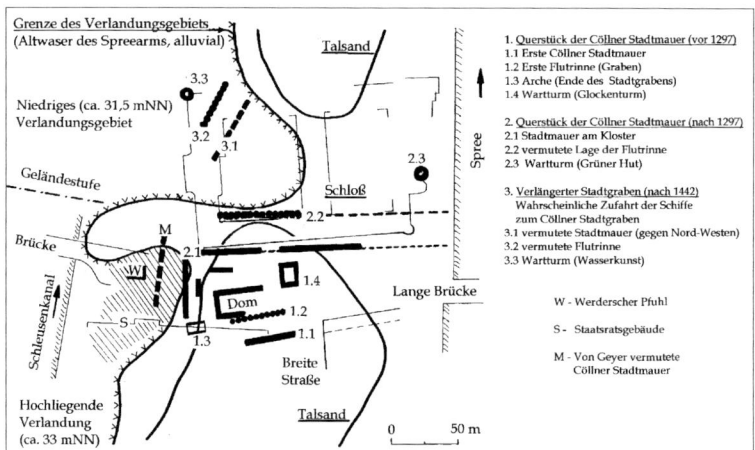

Abb.56 Auszugsweise Wiedergabe der Grabungskarte von 1880 in Verbindung mit der Ingenieurgeologischen Karte 423 D.

1 Ingo Ulpts, Die Bettelorden in Mecklenburg, S. 80: „Barlinensis 1297", Erstnennung der Gründung des Dominikaner-Konvents in der Inschrift im Chorgestühl von 1519, jetzt Nicolai-Kirche in Röbel.

Um die in der Grabungskarte aufgezeigten Mauerreste und weiteres Material, das zum Mauer/Grabenkomplex gehört, genauer fixieren zu können, wurde von Herrn Gunnar Nath mit einer speziellen Software eine Verkopplung mit der Ingenieurgeologischen Karte 423 D vorgenommen. So wurde ein genauer Bezug zwischen den ursprünglichen Geländekonturen, den Gebäuden und den

Abb.57 Der Werdersche Pfuhl (W) lag vor dem Portal des Staatsratsgebäudes (S). Später befand sich hier das Ende des Cöllner Stadtgrabens und nahm das gesamte Straßenland ein.

Abb.58 Der erste Cöllner Stadtgraben (s. Grabungskarte „1.2") lag unmittelbar vor der Front des Marstalls.

archäologischen Befunden hergestellt. Für die Darstellung wurden lediglich die als wichtig erachteten Mauer- und Grabenkomplexe aus der Grabungskarte verwendet. Eine grobe Analyse der Grabungskarte zeigt uns: Die erste Stadtmauer bestand bereits vor dem Bau des Dominikaner-Klosters (s. Grabungskarte „1"). Nach 1297 begann der Klosterbau vor der alten Stadtmauer. Dabei fällt auf, daß die Kirche etwas nach Norden gedreht ist. Offenbar wurde ihr Fundament auf das schräg laufende Findlingsfeld der Flutrinne (1.2) gesetzt und dadurch die bei Kirchen übliche West-Ost-Ausrichtung aufgegeben. Da das Kloster aber geschützt werden sollte, mußte eine neue Mauer (2.1) und ein neuer Graben direkt anschließend nördlich gebaut werden. Aus der Position der Klosterkirche läßt sich die Lage der ersten und zweiten Cöllner Stadtmauer und deren Gräben zuverlässig abschätzen. Die zweite Mauer störte beim Schloßbau und mußte abgetragen werden, so daß der Kurfürst (nach Geyer) verpflichtet war, eine neue Mauer gegen Nordwest anzulegen. So entstand noch eine dritte Stadtmauer. Der Graben davor wurde vermutlich als Schiffahrtsweg genutzt. Von diesem Ensemble ist nur der alte Wartturm (3.3), die spätere Wasserkunst b.z.w. der Münzturm, bekannt.

Aus der Grabungskarte lassen sich die Dimensionen des Verteidigungssystems im Bauabschnitt 1 und 2 entnehmen. So betrug der Abstand zwischen Mauer, Graben und Außenturm jeweils 20 m.

Epoche (1) vor 1297:

(1.1): Das Material einer mittelalterlichen Ziegelmauer liegt genau dort, wo man es auch vermutet: Direkt unterhalb des Klosters. Wegen des Talsandes lag an dieser Stelle sehr guter Baugrund vor, so daß man zur Fundamentierung Ziegelmauerwerk verwenden konnte.

(1.2): Die in einer Tiefe von 3 m (Sohle des Grabens) gestapelten großen Findlinge lagen in einer scharf abgegrenzten schwarzen Erdschicht, ohne mit Mörtel verbunden zu sein. Dabei kann es sich nur um das Baumaterial[1] der ersten Flutrinne handeln. Auch der Augenzeuge Leo Alfieri[2] hat das als Reste des Stadtgrabens gedeutet, denn die Findlinge stammten aus einer Zeit vor dem Klosterbau. Sie lagen unter den Skeletten des Friedhofs.

(1.3): Das Vorhandensein einer Arche als Sperrschieber ist unsicher. Es besteht doch die Möglichkeit, daß es gar keine Arche gab und man das Grabenwasser ständig mit einer leichten Strömung hat abfließen lassen. Dafür spricht die Höhenlage der Findlinge[3], die bis dicht an den Pegel vom Grabenwasser heranreichten.

---

1 Es wird zwar angenommen, es sei das in der üblichen Art eingespülte Fundament im Klosterbereich. Fraglich ist aber, warum das Fundament in einer Tiefe von 2 m unter dem Friedhof gelegen haben soll, zumal der Baugrund hier hervorragend war.
2 Handschriftliche Niederschrift seines Vortrages aus dem Jahre 1880.
3 Die Sohle soll bei 31 mNN gelegen haben. Den Pegel kann man mit 32 mNN annehmen.

(1.4): Der Außenturm, dessen gewaltiges Mauerwerk Geyer genau beschreibt, soll einen Grundriß 13 m x 17 m und die Wandstärke 4 m gehabt haben. Auch Geyer ist der Meinung, daß er nur in der Zeit vor dem späteren Klosterbau errichtet worden sein kann. Später diente er im Klosterbereich als Glockenturm.

Epoche (2) nach 1297:

(2.1): Die von manchen im Schloßgemäuer vermutete „Klostermauer" lag nach Frings [31] außerhalb des Schlosses. Wegen des schlechteren Baugrundes hat man für die Klostermauer Kalksteine als Fundament genommen, während für die Stadtmauer kleine vermörtelte Findlinge verwendet wurden. Das gefundene Material reicht fast bis zum Portal I. Diese nördliche Mauer wurde hier gestrichelt mit dem gefundenen, quer vor dem Pfuhl (W) senkrecht liegenden Mauerstück verbunden, wo sich auch lt. Abtretungsurkunde von 1442 Türme befanden. Diese Verkopplung der Mauerstücke wird zwingend, wenn man den Text der Abtretungsurkunde vom 29. August 1442 genau liest. Bei der Beschreibung des Geländes heißt es: „... Von dem Kloster (1.1) bis zur Langen Brücke an der Spree, die Spree entlang abwärts bis an die Stadtmauer (2.1), die hier an dem Ort und (im ?) Winkel endet und ferner den Werder, der oberhalb der Stadtmauer und dem Graben liegt und bis zur Spree (Bodemuseum) geht. Ferner entlang der Stadtmauer von der Spree her bis zur Klostermauer, entlang selbiger bis zur Stadtmauer mit ihren Wachhäusern. ...".

Demnach lag vor der zweiten Stadtmauer ein Graben (2.2), der wie die Mauer selbst (2.1) im „Winkel" an der Spree begann. In ihrem weiteren Verlauf ging die Stadtmauer dann über in die „Klostermauer", die als Teil der Stadtmauer genutzt wurde, und erreichte schließlich ein weiteres Mauerstück mit Wachhäusern. Letzteres kann nur die abgeknickte, vor dem Pfuhl liegende Ziegelmauer gewesen sein. Hierher gehören auch die Türme zur Absicherung der Arche.

Der von Geyer im Bildband (Bild 6) angegebene Verlauf (M) der „Cöllner Stadtmauer" berücksichtigt nicht das Vorhandensein des Werderschen Pfuhls (W). Seine Angaben leiten sich offenbar vom Memhardt-Plan ab. Die Mauer läuft bei ihm dann quer und knickt vor dem Portal II zum Grünen Hut (2.3) hin ab. Diese Darstellung ist unzutreffend, zumal auch der Graben einen unerlaubten Knick gehabt hätte und der Verlauf nicht mit dem Urkundentext (1442) übereinstimmen würde. Es ist auch nicht richtig, das Vorhandensein der Weichhäuser am Grünen Hut aus dem Text ableiten zu wollen. Die dort vermuteten Türme müssen zu der Mauer am Pfuhl gerechnet werden.

Eine Bemerkung zur Begrifflichkeit des Wortes „Winkel" in der Abtretungsurkunde. In der Urkunde heißt es „Winkele". Das bedeutet lt. Danneil [32] und Lexer [33] „rechter Winkel". In der Berlin-Literatur wird das aber anders gedeutet, woraus falsche Schlüsse folgen. Eine weitere Deutung ist möglich. Hatte doch dieser Begriff eine uns nicht mehr geläufige Bedeutung, die noch bis zum

Ende des 19. Jh. benutzt wurde. Man kann das mit „Ort ohne genauere Bestimmung" umschreiben. So hat Nikolai aus der Zeit des 30-jährigen Krieges berichtet: „In Winkel warf man Unrat".

Als Außenturm könnte der Grüne Hut (2.3) gedient haben, der 20 m vor dem Graben lag. Seine Wirkung wurde durch die Zwingerfunktion verstärkt, die der Glockenturm (1.4) und die Mauer (2.1) ausübten, so die Meinung von Geyer.

Epoche (3) nach 1442:

Der Wartturm (3.3), der etwa 40 m von der Geländekontur entfernt im Altwasser liegt, stammt nach allgemeiner Überzeugung aus dieser Zeit. Für die Verlängerung des Cöllner Stadtgrabens ist nur die diagonal über den Cöllner Werder laufende Verbindung (3.2) vorstellbar. Auch Fidicin kommt zu diesem Schluß. Der Graben mündete beim „Alten Ausfluß" diesseits des Unterbaums in die Unterspree. Parallel dazu verlief die Stadtmauer. Aus den Äußerungen von Geyer ergeben sich interessante Anhaltspunkte. Er schrieb, daß der Kurfürst den Cöllnern gegenüber zur Absicherung nach Nord-West verpflichtet war, weil er deren Stadtmauer hat abreißen lassen. Das würde eine Mauer und einen neuerlichen Graben erklären. Offenbar hat Geyer den Verlauf als diagonal laufend angenommen, genau dort, wo die Mauer 3.1 zu vermuten wäre.

Die Flutrinne (3.2), die ein geringes Gefälle hatte und damit für den Schiffsverkehr geeignet war, bezeichnete man auch als Spreegraben. Er erscheint in einer Beschwerde[1] von 1442, in der die Berliner vortragen, „der Rath zu Cölln habe einen neuen Graben machen lassen, wodurch der Spree[2] und dem berlinischen Graben Wasser entzogen werde." Diese Ausdrucksweise läßt auf eine neue Situation schließen: Der Cöllner Stadtgraben war nun im Verbund mit dem Spreegraben für die Schiffahrt geöffnet. Während der Schiffspassage war die Arche geöffnet. Die Strömung über den Spreegraben muß dabei erheblich gewesen sein und bewirkte ein Manko bei den Mühlen am Mühlendamm. Im Jahre 1443 wird im Zusammenhang mit den Fischereirechten [34] eine Arche (vor dem jetzigen Staatsratgebäude „S") urkundlich erwähnt. Sie wird noch 1527 als Frei-Arche[3] bezeichnet. Damit zeigt sich, daß der Spreegraben in Verbindung mit dem Cöllner Stadtgraben noch 1527 als Schiffahrtsweg benutzt wurde.

---

1 E. Fidicin: Geschichte der Stadt Berlin, Teil III, Berlin 1837, Seite 318.
2 Die Oberspree und damit die Mühlen wurden zu stark belastet.
3 Eine „Frey Arche" ist eine Stauschleuse, die im geschlossenen Zustand das Oberwasser staute und durch Hochziehen des Archen-Schiebers den Wasserweg frei machte. F. Voigt: Urkundenbuch zur Berlinischen Chronik, Berlin 1888, Nr. CCCLXXV, Seite 478

Die Wehrtürme

Die Aufgabe dieser drei Türme war lange Zeit ein Rätsel. Betrachtet man aber die Problematik von den Stadtgräben her, dann wird klar, daß es sich um Außentürme gehandelt haben muß. Denn die Gräben hatten allesamt die Funktion von Flutrinnen. Bei geschlossener Arche wurde aus dem Cöllner Stadtgraben kaum Wasser abgeleitet, so daß diese Flutrinnen nur halb gefüllt waren. Das bedeutete aber eine Schwächung des Verteidigungspotentials dieses Ensembles, das aus Mauer und Graben bestand.

Als Ausgleich dafür hat man offenbar einen Außenturm benutzt, denn ganz unzweifelhaft war der Turm „1" ein Außenturm. Er lag außen vor der ersten Cöllner Stadtmauer, ja sogar noch vor dem Graben. Das gewaltige Mauerwerk beschreibt Geyer sehr genau und sagt, daß er noch aus der Zeit vor dem Bau des späteren Klosters stammt. Auch der Grüne Hut „2", der ins Schloß integriert wurde, dürfte ein Außenturm gewesen sein, ebenso wie der Wartturm „3", der zur Wasserkunst umgebaut, später als Münzturm genutzt und lange Zeit ein Blickpunkt am Schloß und eine Richtschnur zur Schloßerweiterung war.

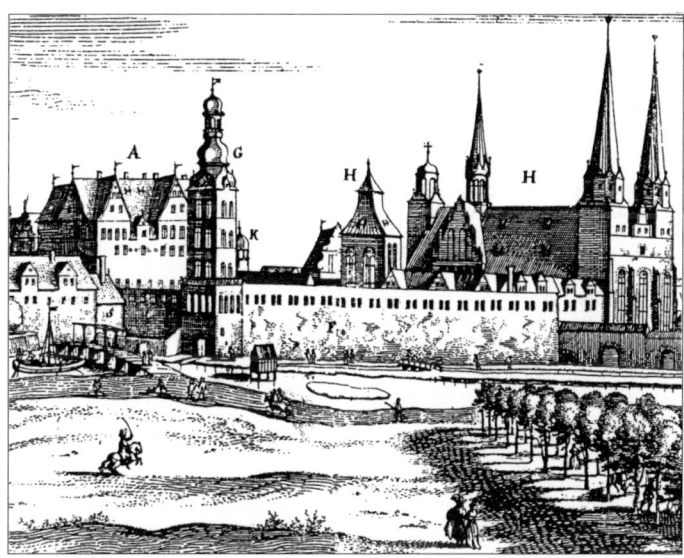

Abb.59 Ausschnitt vom Merianstich, datiert auf 1652. Die Wasserkunst (G), ehemals der Wartturm (siehe Grabungskarte „3"). Davor liegt die Hundebrücke. Rechts daneben der Glockenturm (H), ehemals der Wartturm „1" und die Klosterkirche (Dom, H rechts).

Zusammenfassung der drei Bauabschnitte

(1). Zunächst mußte die Cöllner Nordflanke gesichert werden. Das geschah mit einem quer über den Cöllner Werder laufenden Graben und der dazu gehörenden Mauer. Da dieser Graben gleichzeitig der Abfluß des Cöllner Stadtgrabens in die Unterspree war, mußte er als Flutrinne ausgeführt werden. Das war so selbstverständlich, daß es keinerlei genauere Angaben dazu gibt. Der gradlinige Graben wurde mit großen Findlingen zur Strömungsberuhigung ausgelegt. Das war die typische mittelalterliche Flutrinne.

(2). Nach der Gründung des Konvents im Jahr 1297 folgte die Errichtung des Dominikanerklosters. Der Verlauf der Stadtmauer wird in der Abtretungsurkunde von 1442 beschrieben (siehe auch Grabungskarte von 1880, Schloßplatz).

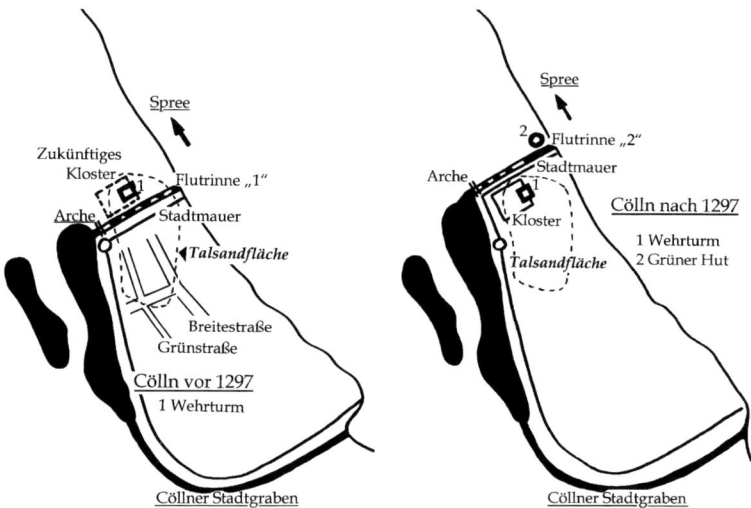

Abb.60 Verlauf des Cöllner Stadtgrabens mit der Mauer für den Bauabschnitt 1 und 2.

(3). Im Jahr 1442 erfolgte schließlich die Abtretung des Baugeländes an Friedrich II. (mit dem Eisenzahn[1]) zum Bau des Schlosses. Das war ein erheblicher Eingriff in die Struktur des Geländes. Wiederum ergab sich in Bezug auf den Graben und die dazu gehörigen Stadtmauern eine neue Situation. So erfahren wir durch eine Beschwerde der Berliner aus dem Jahre 1442, daß das Wasser

---

1 Georg Wilhelm Raumer, Codex Diplomaticus Brandenbargensis, Urkundensammlung Teil I, S. 154: „cum ferreis dentibus".

des Cöllner Stadtgrabens über den „neuen Graben" abgelassen wird. Über den Verlauf des langgestreckten Grabens ist nichts bekannt. Zunächst ist man hilflos, aber nach gründlicher Prüfung ergeben sich klare Randbedingungen: Der obere Punkt liegt im Bereich des Werderschen Pfuhles, von wo aus das Wasser abzuleiten war. Der untere Punkt liegt möglichst nah am Unterbaum[1], wenn man für die Schiffahrt einen möglichst langen Graben mit geringem Gefälle anstrebt. Der Wartturm „3" ist eine weitere Marke, an dem der Graben vorbei laufen mußte.

Die Mauer, die wie der Graben diagonal über den Werder lief, war die Verlängerung der Mauer vom Bauabschnitt 2. Der Endpunkt an der Spree lag gegenüber dem kurzen Mauerstück auf der Berliner Seite, so daß der Mauerring geschlossen wurde. Dieses Ensemble ist urkundlich nicht beschrieben, macht aber in sich einen Sinn.

Wie Versuche zeigen, funktioniert eine Flutrinne nach dem Prinzip der schiefen Ebene. Bei geschlossener Arche lief das überschüssige Wasser in die Flutrinne, die zur Hälfte auf der Unterspreeseite gefüllt war. Wurde die Arche geöffnet, begann die Füllung der Flutrinne. Der Wasserstand baute sich von unten her auf. Nach etwa 5 Minuten war die Rinne gefüllt und der Schiffsverkehr konnte beginnen. Berechnungen zeigen, daß die Schiffsknechte eine Haltekraft von bis zu 150 kg aufzubrin-

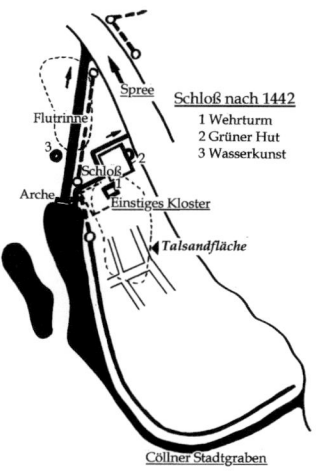

Abb.61 Verlauf des Stadtgrabens und der Mauer im Bauabschitt 3

gen hatten, um den Kahn bei den unübersichtlichen Strömungsverhältnissen zu stabilisieren. Es war ein Schiffahrtsweg mit Tücken. Die früheren Schiffe waren etwa 8 m lang und 2,5 m breit. Sie hatten einen Tiefgang von 0,5 m. Die Tonnage betrug 8 t–10 t.

Als Zuleitung für den Schloßgraben benutzte man die gekürzte Flutrinne aus dem Bauabschnitt 2. Der Graben lief um das Schloß und ging in die Unterspree. Anläßlich des Berliner Unwillens im Jahre 1448 dürfte die dazu gehörige Arche geöffnet worden sein, um den Bauplatz des Schlosses zu überfluten[2].

1 E. Fidicin: Geschichte der Stadt Berlin, Teil III, Berlin 1837, Seite 42: Bei Niedrigwasser im September 1835 traten an der Stelle der Friedrichsbrücke die Überreste hervor. Es waren mehrere Reihen starker Baumstämme, die quer durch die Spree liefen.
2 Nicolai schildert das Ereignis so, als läge die Arche an der Schleuse (an der Schleusenbrücke), die es zu dieser Zeit noch garnicht gab. Auch war sie viel zu weit entfernt, als daß man den Bauplatz hätte überfluten können.

Kapitel 3: Der Weg in die Neuzeit

Auch in Italien benutzte man Flutrinnen, um die Höhenunterschiede für die Fluß-schiffahrt zu überwinden. Als dort für die zahllosen Prunkbauten im 15. Jahr-hundert große Marmorblöcke über die Wasserwege geschickt wurden, war der bisherige Weg über die Flutrinnen zu riskant und man entwickelte die Kammer-schleusen, um den Transport zu vereinfachen.

In Cölln kam es erst in der Mitte des 16. Jahrhunderts zum Bau der Kam-merschleuse an der Schleusenbrücke. Das war allerdings eine tiefgreifende Maß-nahme. Denn man konnte dadurch die bebaubare Nutzfläche nach Westen und Norden wesentlich ausdehnen und die mittelalterliche Enge endlich überwin-den.

Eine Kammerschleuse ist zweitorig. Für uns ist das heutzutage ganz selbst-verständlich. Schon vor tausend Jahren waren zweitorige Schleusen an den Kü-sten der Nordsee in Gebrauch. Aber damals war das Öffnen und Schließen der Tore in das System der Gezeiten eingebunden.

Die Funktion einer Schleuse, wie wir heute verkürzt sagen, ist schnell skiz-ziert. Der Fluß stellt an der Schleuse eine Stufe dar. Man spricht von Ober- und Unterwasser. Wenn das obere Tor geschlossen und das Untertor geöffnet ist, können die Schiffe vom Unterwasser her in die Kammer fahren. Dann schließt man das Untertor und läßt das Oberwasser in die Kammer strömen. Ist die Kam-mer gänzlich gefüllt, öffnet man das Obertor. Nun können die „angehobenen" Schiffe ihre Fahrt auf dem Oberwasser fortsetzen. In der entgegengesetzten Fahrt-richtung ist der Ablauf der Schleusung umgekehrt.

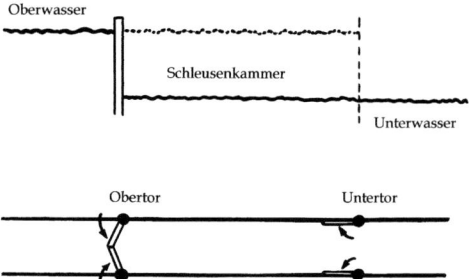

Abb.62 Prinzipieller Aufbau einer Schleuse mit zwei Toren, die Kammer-schleuse.

Die Berliner Kammerschleuse

Durch den Stau am Mühlendamm lag in der Spree eine Pegelstufe. Dieser Höhenunterschied zwischen Ober- und Unterwasser ließ sich mit der Kammerschleuse am günstigsten an der Geländestufe im Altwasser an der Schleusenbrücke überwinden. Der Neubau der Schleuse geschah vermutlich bereits um 1553, denn im Jahr 1578 erfolgte eine turnusmäßige Reparatur[1]. Allerdings muß-ten neue Zufahrten angelegt werden. Beim Oberwasser verließ man den Lauf des ehrwürdigen Cöllner Stadtgrabens hinter der Gertraudenbrücke und legte einen neuen Kanal an, den man an den westlichen Rand des Altwassers schob.

Die nicht mehr benötigten Partien des Cöllner Stadtgrabens wurden schrittweise zugeschüttet, so daß neues Gelände zur Bebauung entstand. Endlich ließ sich die mittelalterliche Enge überwinden.

Das Unterwasser wurde über den „Alten Ausfluß" nahe der Friedrichsbrücke am heutigen Dom herangeführt (s. Lustgarten). Die Fahrt ging durch die Hundebrücke, vorbei am alten Wartturm, der 1578 zur Wasserkunst umgebaut worden war, und endete an einem kleinen Hafen vor der Schleuse.

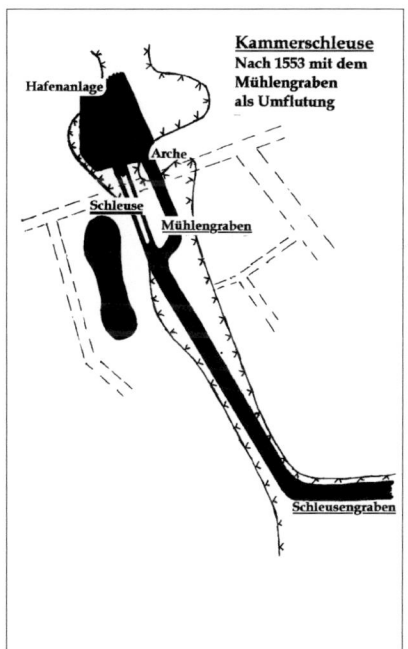

Abb.63 Die Kammerschleuse wurde mit dem Schleusenkanal an den westlichen Rand des Altwassers gelegt (Prinzip)

Kammerschleuse
Nach 1553 mit dem Mühlengraben als Umflutung

Hafenanlage

Arche

Schleuse

Mühlengraben

Schleusengraben

1 Rochus Graf zu Lynar, Festungsbaumeister an den Kurfürsten Johann Georg: Geh. Staatsarchiv PK, Rep 21. 138c Fasz. 6, Blatt 43 (von 45), 16. August 1578: Das Baumaterial für die Festung in Spandau (Sand, Holz, Ziegel, Kalksteine von Rüdersdorf) konnte weder durch den Schiffspaß zu Spandau noch durch die Schleuse zu Berlin ufm Werder gebracht werden, „weil daran gebaut wird". Es handelte sich nicht um einen Neubau, sondern um eine der Reparaturen, die wegen der verfaulten Holzteile alle 25 Jahre fällig waren. Die Schiffsfracht wurde über den Mühlendamm (Mollenthamm) gehievt und umgeladen.

Allerdings benötigte man für die Schleuse eine Umflutung. Im Memhardt-Plan ist sie noch mit der dazugehörigen Arche zu sehen. Die seeförmige Erweiterung des einstigen Cöllner Stadtgrabens wurde immer mehr zugeschüttet[1] und soweit verschmälert, daß nur noch der Mühlengraben als Umflutung übrig blieb. Zwischen der beidseitigen Bebauung entwickelte sich eine vermeintliche Idylle. In einer Karte vom Polizeirevier No. 5A aus dem Jahre 1812 wird der Verlauf der Häuserzeilen deutlich.

Abb.64 Der Mühlengraben mit den Waschbänken fließt zwischen den Häuserzeilen. Im Hintergrund die Schloßkuppel (Stiftung Stadtmuseum).

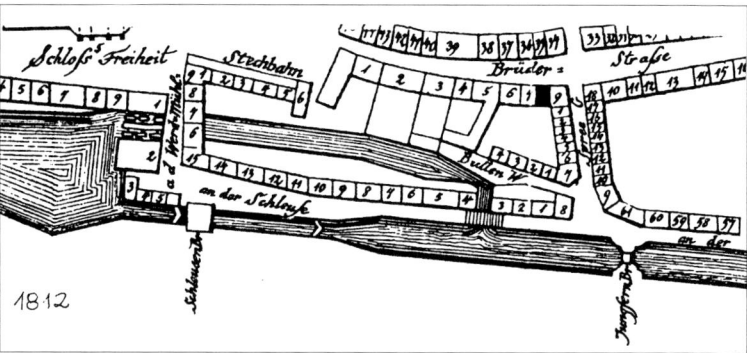

Abb.65 Ausschnitt aus der Karte zum Polizeirevier No. 5A (Landesarchiv Berlin).

1 Bei der Schloßerweiterung im Jahr 1604 warf man den dabei entstandenen Bauschutt in das Ende des ehemaligen Stadtgrabens, also dort, wo sich einstmals der Werdersche Pfuhl befand.

Eine weitere Karte gibt die Lage des ehemaligen Cöllner Stadtgrabens an, wodurch der Umfang der Überbauung deutlich wird. Kein Wunder, daß es Probleme bei der Gründung der Gebäude gab. Bis auf 32,5 m NN stand das vom Schleusenkanal herangeführte Oberwasser an, bei Hochwasser im 19 Jh. sogar bis 33 m NN. Der Boden war stark durchnäßt, die Wohnqualität schlecht.

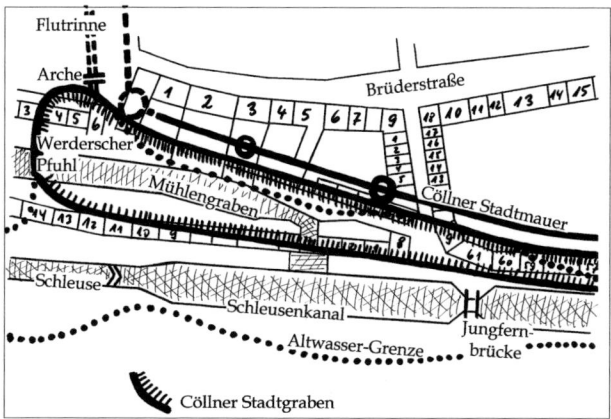

Abb.66 Verlauf des alten Cöllner Stadtgrabens, über den die Häuserzeilen am Schleusenkanal gebaut wurden.

Abb.67 Der Schleusenkanal. Im Vordergrund die Jungfernbrücke, am rechten Rand der Eingang zum Mühlengraben, hinten die Kammerschleuse (Stiftung Stadtmuseum)

73

Heute erinnert nur noch die Jungfernbrücke an die damalige Situation. Auf dem Bürgersteig am rechten Ufer ist die Stelle mit strukturiertem Beton markiert, wo der Mühlengraben einst vom Schleusenkanal abzweigte. Noch nach 1945 war dort eine Flußbadestelle.

Abb.68 Der jetzige Schleusengraben mit der Jungfernbrücke.

Abb.69 Die einstige Einmündung des Mühlengrabens ist am Ufer des Schleusengrabens markiert.

Die Kammerschleuse wurde von Beginn an wie ein Weltwunder gefeiert. Noch im Jahr 1655 wurde sie von Nikolas Peucker [35] in einem Gedicht zur Geburt von Carl Emil, dem ersten Sohn des Großen Kurfürsten, als Besonderheit gerühmt. Die Schleuse lag beiderseits der jetzigen Schleusenbrücke und hatte eine Kammerlänge von über 70 m. Später wurde sie verkürzt. Jahrhunderte lang war sie die einzige Stadtschleuse. Erst nach dem Bau der neuen Schleuse unter der Mühlendammbrücke (1895) bekam sie Konkurrenz, wurde aber erst nach dem II. Weltkrieg überflüssig.

Wegen der Umgestaltung des Lustgartens mußte die Zufahrt zur Schleuse mehrmals geändert werden (siehe Lustgarten). Die erste Einmündung in die Unterspree dürfte beim „Alten Ausfluß" zwischen Dom und Friedrichsbrücke gelegen haben. Als diese Verbindung um 1647 zugeschüttet wurde, kam der Durchstich, bekannt als „Neuer Ausfluß", der wie der Kupfergraben beim Bodemuseum mündet. Schließlich wurde die Zufahrt wieder zurückgezogen. Sie lag hinter der Bastion 13 und ist als Kommunikationsgraben bekannt. Im Jahre 1823, als das Alte Museum genau über diesen Graben gebaut wurde, erweiterte Schinkel den „Neuen Ausfluß" am Kupfergraben. Er diente bis zum Ende der Kammerschleuse als Zufahrt.

Das Wehr nahe der Schleusenbrücke erinnert noch an die ehrwürdige Schleuse. Jetzt wird hier der Oberwasserpegel reguliert. Es ist die Stelle, wo sich einstmals das Obertor befand und ist der unmittelbare Übergang vom Oberwasser zum Unterwasser (Umfluter der heutigen Stadtschleuse).

Abb. 70 Das Wehr an der Schleusenbrücke als Übergang vom Oberwasser zum Unterwasser.

Der Lustgarten

Für das einstmals brach liegende Gelände nördlich von Cölln, wo man Anfang des 14. Jh. schon das Dominikaner-Kloster untergebracht hatte, kam der entscheidende Impuls im August 1442, als der Kurfürst Friedrich II. (mit dem Eisenzahn) die Nutzungsrechte erhielt. Damit machten die Cöllner ein gutes Geschäft. Denn das schlecht nutzbaren Gelände bekam durch die zu erwartende Residenz eine enorme Aufwertung.

Dieses Gelände bis zum Bodemuseum nannte man den „Cöllner Werder". Immer wieder mußten neue Gräben gezogen werden, um sich den wechselnden Anforderungen anzupassen. Es begann eine Zeit mit dramatischen Veränderungen. Dazu gehörte auch die Anlage vom Lustgarten, der zunächst in der mittelalterlichen Enge angelegt wurde. Ahrens [36] nennt ihn Burggarten. Mit den gesteigerten Ansprüchen zur Repräsentation wurde der Lustgarten, der lange Zeit nur bis zum Alten Museum reichte, als holländischer Prachtgarten bis zum Bodemuseum ausgedehnt.

Abb.71 Der Lustgarten 1660 vom Schloß aus gesehen (Elsholz, M. Boruss. Folio 450, Staatsbibliothek Berlin). Hinten rechts das von Memhardt gebaute Lusthaus (1652). Im Hintergrund Teile der Bastion 13 und links das 1655 abgebrannte Pomeranzenhaus.

1715 kam die Wende, als Friedrich Wilhelm I. die Anlagen des Lustgartens schleifen ließ und den vorderen Bereich zum Exerzierplatz machte.

Heute ist der „Lustgarten" vor dem Alten Museum als Liegewiese mit Springbrunnen wieder schön hergerichtet. Auf dem ehemals nördlichen Teil befindet sich die Museumslandschaft.

Abb.72 Der heutige Lustgarten vor dem Alten Museum und dem Berliner Dom.

Abb.73 Der heutige Blick im Vergleich zu 1660.

Der Lustgarten in den verschiedenen Epochen

Mit mehreren Karten wird beschrieben, wie sich die Entwicklung in den verschiedenen Epochen vollzogen hat. Die eingetragen Jahreszahlen stellen einen zeitlichen Bezug her. Entsprechende Erläuterungen und Quellenangaben können der Zeittafel entnommen werden.

Zeittafel mit Quellen als zeitlicher Bezug zu den Karten:

1297: Der Cöllner Dominikaner-Konvent wird gegründet [37]. Die Mönche waren zunächst in einem Haus in der Brüderstraße untergebracht. Unbekannt ist, wann man das Kloster errichtete. Die Klosterkirche wurde später als Dom, der rechteckige Wartturm als Glockenturm genutzt.

1442: Die Berliner beschweren sich, daß die Cöllner einen neuen Graben haben machen lassen [38] und nun das Wasser der Spree zu stark entzogen würde. Diese neue Situation deutet darauf hin, daß von nun an der Cöllner Stadtgraben als Schiffahrtsweg genutzt wurde. Während der Schiffspassage wurde die Frei-Arche geöffnet. Das war mit einem erhöhten Wasserabgang in die Unterspree verbunden. Die alte (zweite) Flutrinne diente, stark verkürzt, als Zufluß für den Graben, der um das Schloß lief.

1471: Im Garten beim Schloß zwischen den Wassern soll eine Badestube eingerichtet werden [39]. Auch ein Schießplatz (120 Schritt).

1476: Auf dem Gelände des Schloßgartens und Werders wurde 1476 anläßlich der Hochzeit vom Markgrafen Johann Cicero ein Ballhaus errichtet [40].

1527: Der Kurprinz Joachim erhält vom Rat der Stadt Cölln erste Waldgrundstücke „dahinten bei der freyen Arche" zum Aufrichten eines Tier- und Lustgartens [41]. Der Wald und spätere Tiergarten reichte nördlich bis zur Eisernen Brücke, vom Friedrichswerder bis nach Lietzow. 1528 hat er von der Witwe Heyse einen Acker dazu gekauft.

1542: Der Gärtner Hieronimus wird in einer Liste erwähnt, in der die Kostgänger bei Hofe aufgeführt sind [42]. Er betreut den kurfürstlichen Garten im Tiergarten.

1573: Erfolgte eine völlig neue Anlage des Lustgartens hinter dem Schloß am Tiergarten. Es ist ein reiner Nutzgarten.

1578: Die Kammerschleuse wird in Stand gesetzt [43]. Dies ist die erste Nachricht über die Existenz der Schleuse. Der Neubau erfolgte wahrscheinlich im Jahre 1553. Der alte Schiffahrtsweg, über den Spreegraben (1442) und den Cöllner Stadtgraben, war nun bis zur Gertraudenbrücke überflüssig und konnte schrittweise zugeschüttet werden. Zur Unterspree ging es jetzt am Wartturm (Wasserkunst) vorbei, durch die Hundebrücke. Dahinter bog die Fahrt ab und lief quer über den Cöllner Werder zur Unterspree.

1591: Ein Bettelstudent berichtet über den feinen fürstlichen Lustgarten hinter dem Schloß mit mancherlei schönen Obstbäumen, fremden Früchten und wohlriechenden Kräutern nach herrlicher Art gepflanzt und erbaut [44].

1617: Der Agent Hainhofer schreibt [45]: Am Altan des Schlosses befindet sich die Wasserkunst und ein eingefaßter Platz zur Bärenhatz. Daran vorbei fahren die Hamburger Schiffe zur Schleuse (durch die Hundebrücke).

1618: Das Lusthaus im hintersten Garten muß wegen Sturmschaden neu verschalt werden [46].

1635: Ansicht (siehe Einführung) über die Wiesenlandschaft auf den Lustgarten mit Lusthaus (1618).

1643: Der Oberjägermeister von Hertefeld erhält die Genehmigung zum Ausbau des Erb-Hauses der Hofmarschälle. Die Anlage zur Akte enthält einen Plan vom Landvermesser Schmidt, der den abbiegenden Spreegraben (hin zum Alten Ausfluß) und zwei Teiche mit einem Deich zeigt [47].

1645: Der Lustgarten-Gärtner Michael Hanff erhält den Auftrag, den Lustgarten unter Leitung von Bernd von Arnim nach holländischer Art herzurichten.

1647: Die Gartenanlage im Bereich des Alten Ausflusses, der nun zugeschüttet war, ist im September fertiggestellt. Die Gestelle für die Laubengänge wurden grün gestrichen, die Teiche zugeschüttet.

Der Schleusenmeister ist tätig. Demnach war der Durchstich zum „Neuen Ausfluß" fertig gestellt. Die Allee mit Platanen und Nußbäumen wird gepflanzt [58]. Sie beginnt am Ufer an der Hundebrücke und geht bis zum Tiergarten. Als Fluchtpunkt dient die Wasserkunst.

1650: Memhardt werden die Arbeiten am Lustgarten übertragen. Er baut das Lusthaus. Am Graben davor füttern die Gäste die Karpfen. Daneben an der Spree könnte der Obstgarten mit dem Vogelhaus gewesen sein. Am Schloß gab es Käfige mit Papageien. Das Pomeranzenhaus ist 1652 fertig.

1655: Eine Feuersbrunst, verursacht durch den Ofen an der „Neuen Spree", zerstört das Pomeranzenhaus.

1658: Die Arbeiten an der Fortifikation werden aufgenommen.

1659: Das Grundstück von Hertefeld nahe der Hundbrücke fällt an den Kurfürsten zurück. Eine Erweiterung des Lustgartens nach Westen ist nun möglich.

1660: Im Hintergarten befindet sich die Bastion 13, über den Kommunikationsgraben führt linkerhand eine Zugbrücke [48].

Die Anfänge

In der Abtretungsurkunde vom 26. August 1442 wurde dem Kurfürsten Friedrich II. (mit dem Eisenzahn) das Gelände nördlich von Cölln[1] zur ewigen Nutzung abgetreten. Damit war das Dominikaner-Kloster eingebunden, das nach 1297 auf dem guten Baugrund der Talsandfläche errichtet worden war.

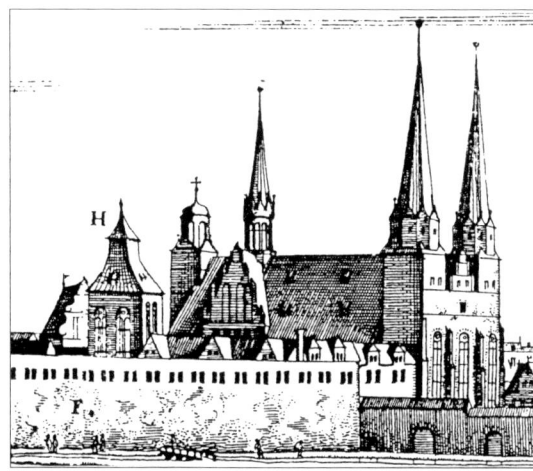

*Abb. 74
Der Ausschnitt aus dem Merianstich (1652) zeigt rechter Hand den Dom, ehemals Klosterkirche der Dominikaner, und den Glockenturm, ehemals Wartturm (H) aus der Epoche 1.*

Wie das Cöllner Stadtbuch berichtet, ließen „die Cöllner einen Graben machen". Er lief diagonal über den Cöllner Werder, und – das war neu – er diente als Zugang für die Schiffe, die nun über den Cöllner Stadtgraben geleitet wurden. Zum Bau der hinter dem Graben laufenden Mauer (gestrichelte Linie, Abb. 75) war der Kurfürst verpflichtet, weil er die alte, (die zweite) Cöllner Stadtmauer hat einreißen lassen – so A. Geyer. An die Mauer lehnten sich Wirtschaftsgebäude. Außen wurde in das Gebiet des Altwasser ein Wartturm, die spätere Wasserkunst, gesetzt.

Der Bauplatz für das Schloß hatte also eine dreieckige Form. Für unsere heutigen Begriffe war das eine beengte Situation. Das Schloßgebäude, das um 1451 bezogen wurde, lag direkt an der Spree. Der Grüne Hut (der Wartturm „2") wurde in den Baukörper integriert. Das Schloß mit dem Schloßhof bildete ein Geviert, das von einem Wassergraben umgeben war. Dieser wurde von der eingekürzten (zweiten) Flutrinne gespeist. Dazu schreibt Karl-Heinz Ahrens [49]: „Der Schloßhof (3300 m²) wurde nach den übrigen drei Seiten hin von Nebengebäuden eingerahmt, die Wohnräume für Gäste, Hofpersonal, Gesinde, Wachen und Handwerker, Wirtschaftsräume, Stallungen ... Die Nebengebäude nach

---

[1] Das Cöllner Stadtgebiet endete an der Frontlinie des Marstalls.

80

Südwesten und Nordwesten hin waren direkt an die vermutlich stark befestigte Mauer gelehnt, die offenbar mit zwei neuen Türmen versehen und zusammen mit dem hier entlanglaufenden Spreegraben die Anlage vor Angriffen von außen schützen sollte. Dazu ein Wartturm."

Der kleine dreieckige Platz zwischen der Mauer und den Schloßgräben dürfte als Garten, als erster „Lustgarten" genutzt worden sein, denn 1471 heißt es: Im „garten bey dem schloß zwischen den Wassern" soll ein Badehaus, ein Schießstand (mit einer Länge von 120 Schritt) errichtet werden. Falls es sich dort (wegen der Bäume) nicht machen ließe, dann ein geeigneter Platz auf dem Werder. Trotz der Enge wurde noch 1476 ein Ballhaus für Ballspiele errichtet. Zur Erweiterung nach Westen hin kaufte man 1527 die ersten Grundstücke an der Arche.

Mit der Regierungsübernahme 1571 durch Kurfürst Johann Georg begann eine neue Epoche mit grundlegenden Veränderungen. Die Ausweitung des ersten Lustgartens wurde eingeleitet (1573). Es war der gerade bestellte Gärtner Desiderius Corbianus, der den Küchen- und Obstgarten, also einen reinen Nutzgarten, „hinter dem Schloß am Tiergarten" anlegte[1]. Im hintersten Teil befand sich ein Lusthaus (1618).

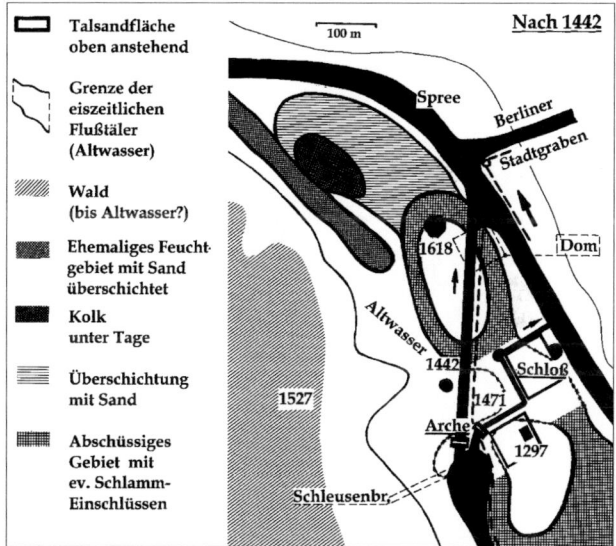

Abb. 75 Nutzung des nördlich von Cölln liegenden Geländes nach 1442. Dazu die geologischen Konturen.

1 Da der Tiergarten im umfangreichen Waldgrundstück vom Westen her bis an den Cöllner Werder heranreichte, kann sich der Nutzgarten nur auf der westlichen Hälfte des Cöllner Werders befunden haben. Er reichte im Norden bis zum Alten Museum.

Epoche nach 1553

Die Kammerschleuse (siehe Berliner Kammerschleuse) war eine Sensation. Nicht nur, weil sie in der damaligen Zeit vielseitige Bewunderung wie ein Weltwunder erfuhr, sondern es ließ sich die Spreeschiffahrt wesentlich vereinfachen. Die gefährliche Fahrt der Schiffe durch die 1442 angelegte Flutrinne und die Probleme der Ableitung des Wassers vom Cöllner Stadtgraben gehörten nun der Vergangenheit an. Durch die Verlagerung der Gewässer um etwa 100 m nach Westen ließ sich das Gelände für den Schloßbereich und den Lustgarten wesentlich erweitern. Der Spreegraben war nun überflüssig und konnte zugeschüttet werden.

Es ergab sich eine ganz neue Perspektive für die Gestaltung auf dem Cöllner Werder. Insbesondere durch die Neugestaltung der Zufahrt zur Spree, der Unterwasserseite: Der Wasserweg verlief jetzt von der Schleuse her am ehemaligen dritten Wartturm vorbei, der 1578 zur besseren Bewässerung des Gartens in die Wasserkunst umgebaut worden war. Dieser ehrwürdige Turm war ein besonderer Blickpunkt, ein Wahrzeichen schlechthin. Er und das 1580 fertiggestellte „Dritte Haus" des Schlosses waren nun die Eckpunkte der Nordfront, an der sich die folgende Schloßerweiterungen orientierten. Damals diente er als Sichtachse für die Allee, die zum Tiergarten führte.

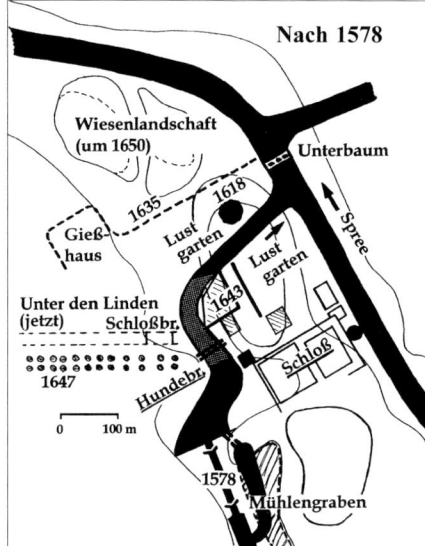

Abb.76 Lustgarten- und Schloßbereich nach dem Bau der Kammerschleuse (um 1553).

Die neue Wasserführung bog etwa 100 m von der Wasserkunst[1] entfernt ab. Das geht aus der Bauzeichnung des Landmessers Schmidt aus dem Jahre 1643 hervor (Abb. 78), der die Abbiegung maßgerecht aufgezeichnet hat. 30 m neben der Wasserkunst lag die Hundebrücke[2]. Dieses Ensemble beschreibt auch 1617 der Agent Hainhofer.

1 In der Zeichnung von Schmidt ist der Sockel der Wasserkunst mit seiner Breite von 15 m direkt am Spreegraben angedeutet.
2 Dies ist die alte Hundebrücke. Die neue, jetzt als Schloßbrücke bezeichnet, ist deutlich nach Nordwest verschoben.

Der jetzt quer laufende Graben, der schließlich am Alten Ausfluß in die Spree mündete, hatte eine Zweiteilung des Cöllner Werders zur Folge. Es gab nun eine nördliche Partie und eine direkt am Schloß. Der Lustgarten selbst wurde den Gegebenheiten angepaßt. Er muß recht bemerkenswert gewesen sein, denn ein weitgereister Bettelstudent ist 1591 voll des Lobes über den Bestand, der „nach herrlicher Art gepflanzt ist". Er schwärmt von dem Duft der Kräuter.

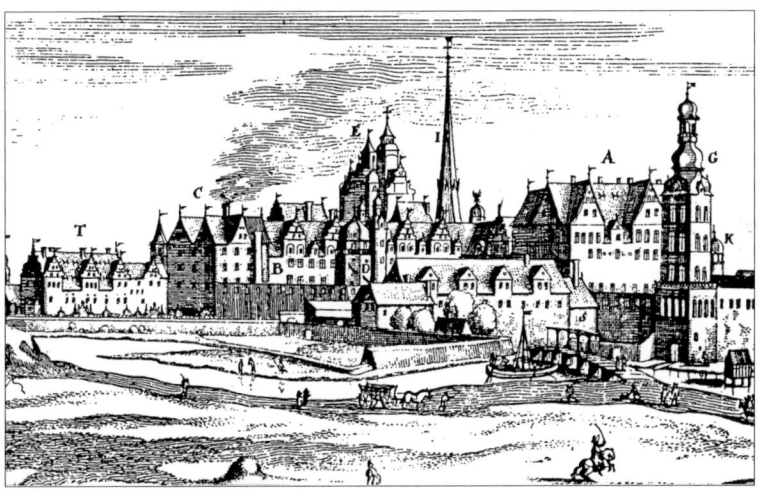

Abb.77 Die Wasserkunst (G), der Blickpunkt am Schloß (Ecke Nordwest) mit der alten Hundebrücke, neben der die Eindeichung des oberen Teichs zu sehen ist. Links davon biegt der Graben ab und läuft quer über den Werder zur Unterspree (vergleiche auch die Karte vom Landvermesser Schmidt, Abb. 78).

Das Gebiet der jetzigen Museumsinsel war immer noch eine durchgehende Wiesenlandschaft, wie es auch die Stadtansicht von 1635 zeigt. Die ausschnittsweise Wiedergabe (Abb. 79 und Abb. 81) zeigt den 9 Fuß (2,8 m) hohen Bretterzaun, der den „hintersten Garten" begrenzte. Das Lusthaus wird in Zusammenhang mit dem Sturmschaden erwähnt, der 1618 eingetreten war. Auch die Einfahrt zur Schleuse ist zu sehen.

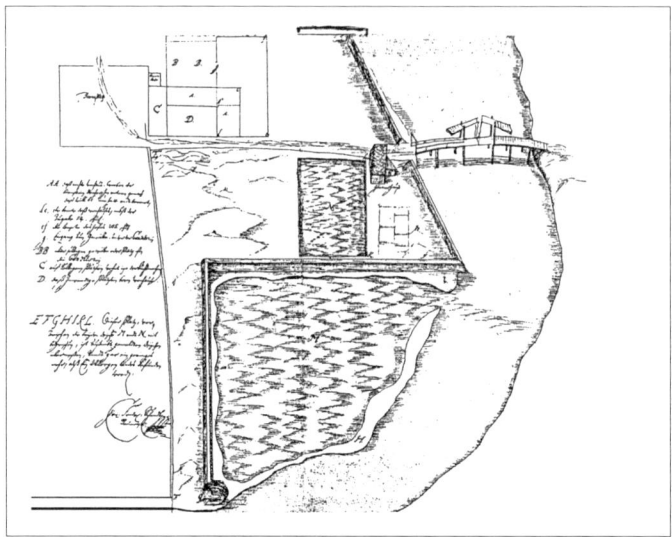

Abb. 78 Zeichnung des Landvermessers Schmidt (1643): Gelände mit zwei Teichen und der Eindeichung nördlich vom Schloß. Der Spreegraben biegt in den quer über den Werder laufenden Abschnitt ab.

Abb. 79 Erste Stadtansicht von 1635 (Ausschnitt). Der Bretterzaun trennt den Lustgarten von der durchgängigen Wiesenlandschaft

Abb.80 Die Einmündung befand sich einst bei den Bäumen gleich hinter dem Dom. Der Unterbaum lag vor der Friedrichsbrücke, die im Hintergrund zu sehen ist.

Abb.81 Einmündung in die Spree und das hinterste Stück des Lustgartens. Detail der Stadtansicht von 1635.

85

Epoche nach 1645

Der Dreißigjährige Krieg hatte einige Spuren hinterlassen: Das Schloß war demoliert, die Kammerschleuse unbrauchbar und der Lustgarten verwüstet. Dazu der Augenzeuge Nikolaus Peucker in einem seiner Scherzgedichte: „Die Bäume hatten sich im Garten fast verloren ... Der Zaun samt zweier Toren war mehrmals verfault. Pferd, Ochsen, Gäns und Schwein ... ging dessen Garten lang und machte alles eben." Und danach: „Die alten Bäume vernahmen sich aufs neu und wurden ausgeputzt, bemistet und behackt ... bald fings wieder an zu grünen".

Abb.82 Gärtner bei der Anlage eines holländischen Gartens (Anna Bienfait, Oude Höllandische Tuinen).

So kann man sich die Arbeiten vom Lustgärtner Michael Hanff vorstellen, der bereits 1645 vom Großen Kurfürsten aus Kleve den Auftrag erhielt, den Lustgarten neu zu gestalten. Zunächst wurde nur der ursprüngliche Bereich zwischen Schloß und Alten Museum in Angriff genommen. Der Dresdner Plan zeigt uns, welche Beete angelegt wurden. Auch aus dem Briefverkehr [50] erfahren wir viele Einzelheiten. Der Lustgarten sollte als holländischer Garten angelegt werden. Da der Große Kurfürst als junger Mann vier Jahre lang die Schönheiten solcher Gärten kennen gelernt hatte, war das nicht anders zu erwarten.

Bei der grundlegenden Umgestaltung störte der quer laufende Graben zum alten Ausfluß (nach 1553). Er wurde zugeschüttet und von der Wasserkunst her ein neuer gerade laufender Durchstich (um 1647) als Ausfahrt für die Kammerschleuse gegraben. Der im Memhardt-Plan als „Neuer Ausfluß" eingezeichnete Graben war also nur das Endstück (Kupfergraben) des damaligen Durchstichs.

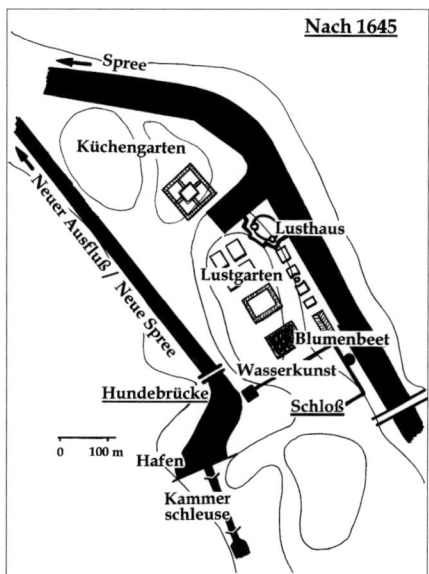

Abb.83 Über dem zugeschütteten querlaufenden Graben wurden 1647 neue Beete angelegt. Der Durchstich zur Spree, der Neue Ausfluß, diente als Zufahrt zur Kammerschleuse. Am Lusthaus (1652) befand sich ein kleiner Stichkanal als Hafen für Lustschiffe (Dresdner Plan).

Nun stand nicht nur ein breites, sondern ein weit nach Norden führendes, durchgängiges Gelände zur Verfügung. Es war nach holländischer Art völlig von Wasser umgeben und bot einen unermeßlichen Gestaltungsspielraum.

Das Gelände wurde zweiteilig genutzt. Die vordere Partie zum Schloß hin ging bis zum Alten Museum. Die Abbildung am Anfang des Lustgartenkapitels (Abb. 71) zeigt den Zustand im Jahr 1660. Vorne am Schloß ein Blumenbeet, in dem die Kurfürstlichen Insignien dargestellt waren. In dieses erhöhte Beet kam 1652 das Standbild des Kurfürsten[1] mit dem Blick zur aufgehenden Sonne. Seine Ehefrau Henriette und Freunde hatten die Skulptur von Dieussart anfertigen lassen und dort aufgestellt.

---

1 Das Standbild befindet sich nun im Schloß Oranienburg.

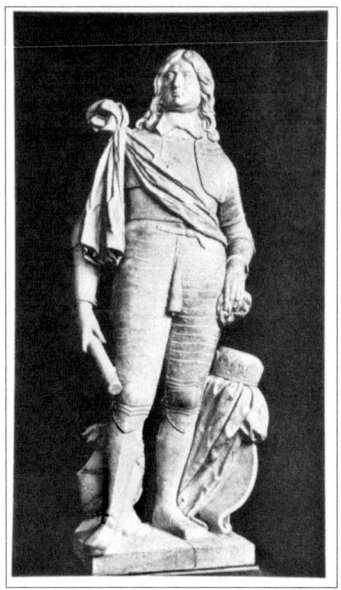

Abb.84 Das Standbild des Großen Kurfürsten mit Kurhut und Kurstab (lt. Geyer).

Abb.85 Das begrünte Löwentor als Begrenzung zu dem hinteren Teil des Lustgartens am Schloß (lt. Geyer).

Dahinter ein Zierbeet und anschließend das Löwentor. Die Löwen sind Flecht-werk aus Korbmaterial. Die ganze Wand ist begrünt. Das Grün rankt an den grün gestrichenen Latten. Der nächste Part ist umrahmt von Laubengängen, in deren Mitte sich in einer Brunnenanlage eine Neptunfigur oder, wie man sagte, „der Mann" befand, umgeben von einem großen Teich, der mit Sandstein aus Pirna grottenartig gestaltet ist. Da wesentliche Teile dieses Bereichs im September 1647 fertiggestellt waren, muß also der alte quer laufende Graben 1647 bereits zugeschüttet und die beiden Teiche verschwunden gewesen sein.

Das alles war durch eine Mauer eingezäunt. Allerdings war sie am Gang, der längs des Schloßhofes zum Apothekenflügel hin verlief, mit einem kunstvoll gestalteten Spalier verziert. Hinter dem Lustgarten lag das 1652 fertiggestellte Lusthaus an der Spree, von dessen Dachterrasse aus man einen wunderbaren Überblick hatte. Direkt anschließend dürfte ein kleiner Hafen für die Lustschiffe gewesen sein. Von diesen Lustfahrten auf der Spree berichtet Peucker.

Abb.86 Blick auf das Schloß. Gemälde von 1652, Hohenzollernmuseum, ver-schollen, Kopie im Märkischen Museum (lt. Geyer).

Dieses Gemälde scheint die Situation von 1652 richtig wiederzugeben[1]. Vorne rechts die „Allee" mit der Sichtachse auf die Wasserkunst gerichtet. Die Hunde-brücke führt über den Spreegraben, der in direkter Linie zum Neuen Ausfluß führt. Die Deichmauer und die beiden Teiche, in der Karte von Schmidt (1643) noch abgebildet, sind verschwunden. Links hinten das Lusthaus.

1 Im Gegensatz zum Merianstich (datiert auf 1652) mit der Situation vor 1648. (s. Epoche nach 1578)

Die Aufzeichnungen von Elsholz [51] geben uns Aufschluß über die Vielfalt und den Umfang der vorhandenen Pflanzen im Lustgarten. Er muß wortwörtlich paradiesisch gewesen sein. Einzigartige Sorten, wie die Kaiserkrone (1660), und sämtliche damals bekannten Tulpensorten waren hier zu finden. Eben ein ganz besonderer Garten, „welcher den schönsten italienischen Gärten in nichts nachstand", so der Italiener Georgius Leti.

Corona imperialis flore pleno.

Abb.87 Damals einzigartig, die Kaiserkrone aus der Blattsammlung von Elsholz (1660).

Der hinter dem Alten Museum gelegene Teil diente vor allem als Nutzgarten. Davon berichtet wiederum Peucker: „Die Jungfer ging vorm Tor im Herbst einmal spazieren und sah so manche Früchte aus dem Garten führen: Als Apfel, Birnen, Nüß, von nicht geringer Art, Morellen, Pflaumen, Quitten, Mandeln, und was zart und wohlschmeckend ist, als Kirschen und dergleichen ... die Reichen ... wie wohl muß ihnen doch bei solchen Gärten sein, die voller Bäume stehn und schöne Früchte tragen ... abermals kam ein Wagen, der brachte weißen Kohl, Rüben gelb und weiß ... der Torweg stand noch offen. Sie hätte den Garten gern beschaut und durfte nicht hinein."

Im Bereich des Nutzgartens befand sich auch das zweite, 1652 fertiggestellte Pomeranzenhaus[1]. Bei Winterbeginn wurde es neu gedeckt. Als Wärmeisolierung wurde Stroh über die Deckenbohlen gelegt. Vier Öfen sorgten für die nötige Wärme. Die Temperatur wurde mit Wassereimern überwacht: Die Wasseroberfläche durfte keine Eisschicht zeigen. Zum Sommer wurde das Dach entfernt. So konnte man zwischen den wertvollen ortsfesten Gewächsen flanieren. Das Haus brannte aber bereits 1655 aus. Ein fehlerhafter Schornstein wurde als Brandursache ermittelt.

---

1 Die Darstellung des Pomeranzenhauses: A. Geyer, Bildband des Schloßbuches, Bild 78.

Dieser wunderschöne Garten, der durch den Bau der Schleuse seine Breite und seine Ausdehnung nach Norden mit der Anlage des Neuen Ausflusses erhalten hatte, wurde nun durch den Bau der Fortifikation geteilt. Nach 1658 kam die Bastion 13 in den hinteren Garten.

Die Abbildung des Lustgartens von 1660 zeigt bereits die Bastion 13 mit einem Stück des Walles. Die Wirtschaftsgebäude auf der Geländespitze sind ein Hinweis auf die wirtschaftliche Nutzung. Noch steht die Ruine des 1655 abgebrannten alten Pomeranzenhauses.

Der Neue Ausfluß stand nun nicht mehr zur Verfügung. Es mußte wiederum eine neue Schleusenzufahrt gebaut werden. Man entschied sich für einen Durchstich zum ehemalige Stichgraben neben dem Lusthaus. Der Kommunikationsgraben war geboren.

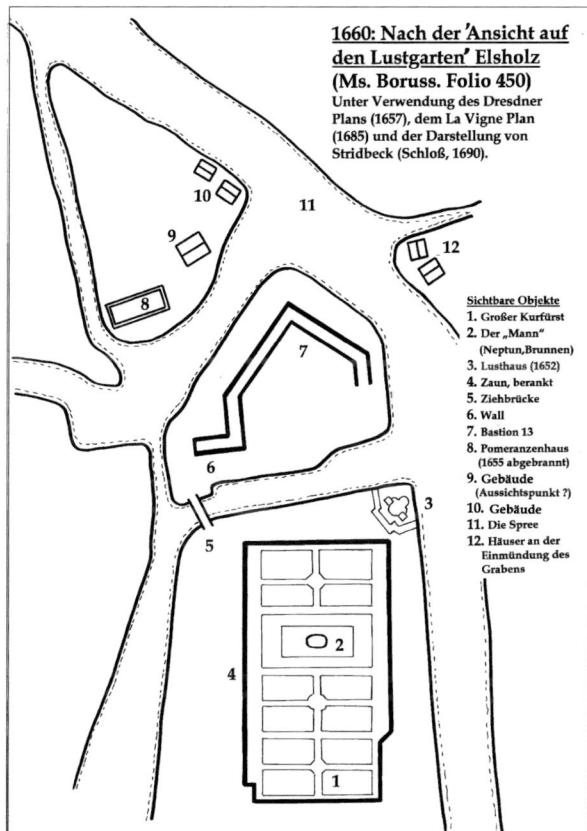

1660: Nach der 'Ansicht auf den Lustgarten' Elsholz (Ms. Boruss. Folio 450)
Unter Verwendung des Dresdner Plans (1657), dem La Vigne Plan (1685) und der Darstellung von Stridbeck (Schloß, 1690).

Sichtbare Objekte
1. Großer Kurfürst
2. Der „Mann"
   (Neptun,Brunnen)
3. Lusthaus (1652)
4. Zaun, berankt
5. Ziehbrücke
6. Wall
7. Bastion 13
8. Pomeranzenhaus
   (1655 abgebrannt)
9. Gebäude
   (Aussichtspunkt ?)
10. Gebäude
11. Die Spree
12. Häuser an der Einmündung des Grabens

Abb.88 Plan des ehemaligen Lustgarten-geländes im Jahr 1660 nach der Lustgarten-ansicht (vergl. Abb. 71).

Der La Vigne-Plan (1685)

Die Darstellung benutzt die wesentlichen Teile des La Vigne-Plans, der als sehr zuverlässig angesehen wird. Daneben gibt der Perspektivplan von Schultz (Abb. 91) eindrucksvoll wieder, wie weit der Lustgarten eingeschränkt wurde.

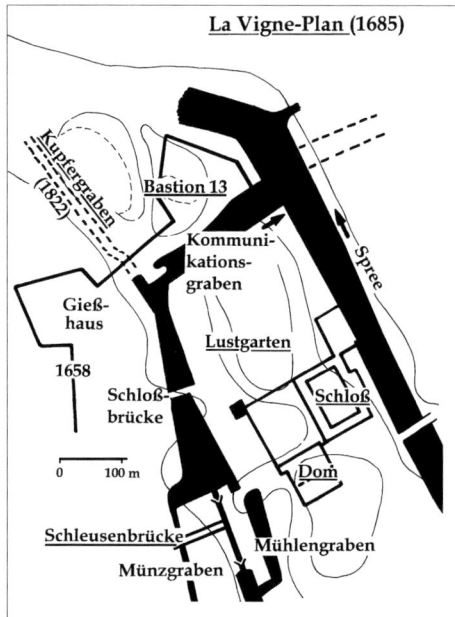

Abb. 89
Situation um 1685
nach dem La Vigne-Plan.

In den Freiraum der Bastion 13 wurde das neue Pomeranzenhaus gebaut, das noch als Gebäude 1850 auf der Litographie von Borchel zu sehen ist. Eine Zugbrücke stellte die Verbindung her.

Am Kommunikationsgraben entwickelte sich der Neue Packhof. Von hier aus bog die Zufahrt zur Schleuse fast rechtwinklig ab und ging in den dreieckförmigen Hafenbereich über, wo sich später wiederum ein Packhof etablierte. Wenn man sich von den Fluchtlinien der Architektur leiten läßt, ist noch heute von der Schleusenbrücke aus der dreieckförmige Bereich im Stadtbild zu erkennen. Hier treffen nämlich die verschiedenen Raster der Spreeinsel und der übrigen Stadt aufeinander. Es wird deutlich, daß die Spreeinsel leicht gegenüber der übrigen Stadt gedreht ist. Die einstige Hundebrücke an der Wasserkunst bzw. dem Münzturm wurde als jetzige Schloßbrücke nach Nordwesten verlegt. Auch die „Linden", zunächst eine „Allee", wurden verschoben.

92

Abb.90 *Der Kommunikationsgraben mit dem legendären Kran. Dahinter ist das neue „Pomeranzenhaus" zu erkennen, das man über die Zugbrücke vom Lustgarten aus erreicht. Hinten rechts das Lusthaus aus dem Jahre 1652 (Landesarchiv Berlin).*

Abb.91 *Perspektivplan von Schulz (1688): In der Bastion 13 befindet sich das neue Pomeranzenhaus: Davor der Kommunikationsgraben. Der Lustgarten hat eine neue Struktur erhalten.*

Johann Stridbeck hat 1690 einige Aquarelle[1] von Cölln angefertigt, die genauere Einblicke in die damalige Stadt gewähren. Zur Situation auf dem nördlichen Cöllner Werder, wo sich jetzt die Museumsinsel befindet, gibt er im Blatt Nr. 4 interessante Details an. Während die Strukturen rechts neben dem Lusthaus in den Reproduktionen kaum erkennbar sind, werden sie im Original in aller Deutlichkeit sichtbar: Neben dem Lusthaus mündet der Kommunikationsgraben. Die Zugbrücke und die Bastion 13 sind angedeutet, davor der Festungsgraben. Eine Böschung leitet zu der hoch liegenden Landschaft mit Wiesen über, auf der Wirtschaftsgebäude stehen.

Abb. 92 Blick auf das Schloß (von der Burgstraße). Rechter Hand das Lusthaus (Aquarell, Stridbeck, 1690, Skizzenbuch Blatt 4).

Abb. 93 Die Struktur rechts neben dem Lusthaus. Ausschnitt aus dem Original von J. Stridbeck d. J. (1690)

1 Johann Stridbeck, der Jüngere, Skizzenbuch 1690 (Staatsbiblithek Berlin).

Die Museumsinsel

Die Museumslandschaft auf der Museumsinsel, ein ungewöhnliches Ensemble, trägt zu Recht den Titel Weltkulturerbe. Bei dieser Euphorie wird meist vergessen, daß dieser Berliner, genauer Cöllner Flecken eine sehr komplexe Geschichte hinter sich gebracht hat. Nach den chaotischen geologischen Prozessen, die ihre Spuren hinterlassen haben, stellte sich eine Wiesenlandschaft ein. Dieses Gelände nahm den Lustgarten des Großen Kurfürsten auf, die Bastion 13 der Fortifikation, eine landwirtschaftliche Nutzung, Bleichwiesen, elegante Wohnquartiere mit Ziergärten, Palais, eine hochvornehme Badeanstalt, Wohngebäude mit Parkanlage, aber auch Zimmermannsplätze, das Mehlhaus an der Spitze der „Insel" und den großen Packhof am Kupfergraben. Nicht zu vergessen: Später kam noch eine viergleisige Bahntrasse für den städtischen und den Fernverkehr hinzu.

Mit dem Alten Museum gab Schinkel den Startschuß für die Museumslandschaft. Es ist Schinkel zu verdanken, das er diesen

Abb.94 Das Alte Museum

Standort bei König Friedrich Wilhelm III. durchsetzte und diesen Kunsttempel aus dem Verband der Wissenschaften herauslöste. An dem Standort befand sich zuvor der Kommunikationsgraben, der zugeschüttet werden mußte. Wegen dieser speziellen Situation brachte man einen Pfahlrost mit Tausenden von Holzpfählen als Gründung ein.

Durch die Überbauung des Kommunikationsgrabens fehlte nun die Zufahrt zur Schleuse und es kam zur Reaktivierung des „Neuen Ausfluß", dem einstigen Durchstich von 1647. Das, was von dem einstigen Gewässer noch vorhanden war, wurde an die neuen Ansprüche angepaßt und verbreitert. Als Überblick nun einige Momentaufnahmen dieser langwierigen Entwicklung.

Der Weg zur jetzigen Museumsinsel

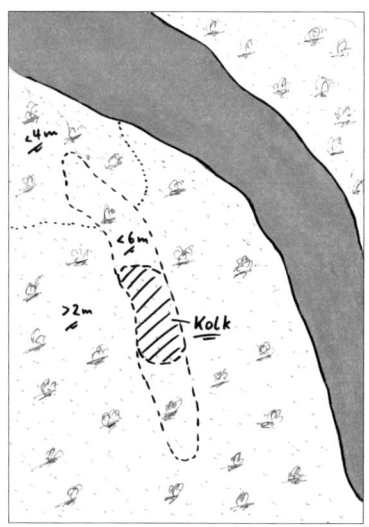

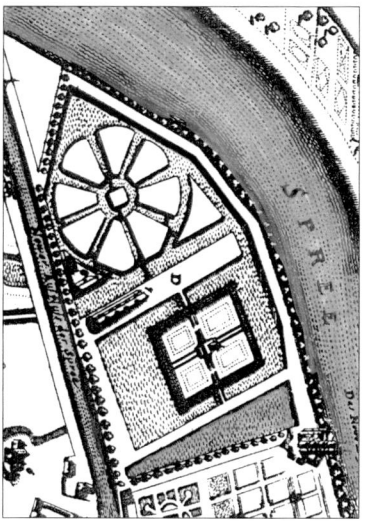

Abb.95 Die „Museumsinsel" zur Zeit der Besiedlung.

Abb.96 Angebliche Teichlandschaft nach Memhardt.

Unter der Auenlandschaft lag der überschichtete Torfkörper (gestrichelt) des ehemaligen Spreearms und der Kolk. Der Baugrund der übrigen Bereiche gilt als gut tragfähig. In mindestens 6 m Tiefe beginnt der Talsand und damit bester Baugrund.

Der Memhardt-Plan (1652)[1] gibt eine kunstvoll angelegte Teichlandschaft an, auf deren Existenz es keinerlei Hinweise gibt. Daher muß man davon ausgehen, daß es sich um eine Empfehlung Memhardts an den Großen Kurfürsten handelt.

Der Neue Ausfluß, der um 1647 entstand, durchtrennte die einstige Wiesenlandschaft, die ein durchgehendes Gelände war, das den gesamten dorotheeischen Spreebogen umfaßte.

1 Das alte Kartenmaterial [52] und die neueren Stadtpläne wurden auf einen Maßstab gebracht, um auch Details besser vergleichen zu können.

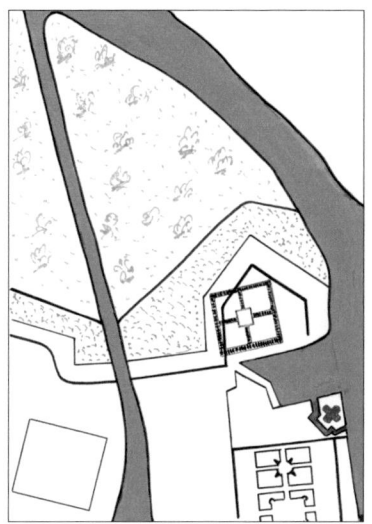

Abb.97 Die Bastion 13 kommt in den Küchengarten.

Abb.98 Der La Mote-Plan von 1705.

Gezeichnet nach dem Dresdner Plan: Nördlich vom Lustgarten lag der Küchengarten. Die Bastion 13 (um 1658) teilte beide Partien. Vor ihr lag der Festungsgraben, der den „Neuen Ausfluß" durchtrennte.

Die Reste des „Neuen Ausfluß" und der Festungsgraben haben aus der Auenlandschaft eine kleine Insel herausgeschnitten. Hinter der Bastion 13 wurde der Kommunikationsgraben (vor 1660) als Durchstich zur Schleuse angelegt.

Die Darstellungen im La Mote-Plan stimmen mit der Zeichnung von Stridbeck (Abb. 92), die er 1690 anfertigte, überein: Der Blick fällt, von der Burgstraße aus, über die Spree. Rechter Hand liegt die Einmündung des Kommunikationsgrabens und des Festungsgrabens. Auch die hohe Böschung der kleinen Insel, auf der mehrere Wirtschaftsgebäude stehen, ist zu sehen.

*Abb.99 Die Insel ist durch zwei Brük-
ken angeschlossen.*

*Abb.100 Der Festungsgraben ist zu-
geschüttet.*

Schon in einer Karte von 1712 ist
die Insel links oben mit einer Brücke
zur Nutzung angeschlossen. „Le veri-
table Plan de la Ville Berlin" (1716)
zeigt nun sogar zwei Brücken, und es
besteht sogar die Möglichkeit, daß es
eine Chaussee gab, die über die Friedrichsbrücke eine Verbindung nach
Berlin herstellte.

Der Schmettau-Plan von 1748
zeigt Rudimente des zugeschütteten
Festungsgrabens, dessen Wasser jetzt
über den alten „Neuen Ausfluß" abgeleitet werden. König Friedrich II. ver-
suchte das Wiesengelände vor der Bastion 13 einer sinnvollen Nutzung zu-
zuführen.

Vor der Bastion 13 hatte das Gouvernement Bleichwiesen. Dieser Bereich
war wegen der unzulänglichen Zuschüttung des Festungsgrabens um etwa 80
cm abgesackt. 1748 erfolgte die Auffüllung [53]. Dazu benötigten 80 Tagelöhner sechs Monate, um das Erdreich vom Wall am Gießhaus mit Karren herbei zu
schaffen.

An dieser Stelle sei daran erinnert, daß die Auenlandschaft längs der Spree
anfänglich ein zusammenhängendes Gelände war. Es gab zahllose Wiesen. Ein
großes Wiesengelände lag im dorotheenstädtischen Spreebogen, zu dem auch
der Inselbereich der späteren Museumsinsel gehörte. Diese umfangreiche Wiesenlandschaft ist erst durch den um 1647 erfolgten Durchstich (Neuer Ausfluß)

getrennt worden. Weil hier lange Zeit keine Bebauung erfolgte, vermutete man sumpfiges, niedrig liegendes Gelände. Das ist aber eine Fehleinschätzung. Es waren Bleichwiesen, bei der damaligen Lebensführung eine Notwendigkeit. Der enorme Platzbedarf entstand durch Kattunfabriken, aber auch durch die „große Wäsche". Denn man sammelte die Wäsche, die zwischenzeitlich nur notdürftig gewaschen wurde, und wusch dann 3–4-mal im Jahr gründlich [54]. Um die Wäsche sauber zu bekommen, war das Bleichen ein wichtiger, aber äußerst zeit-

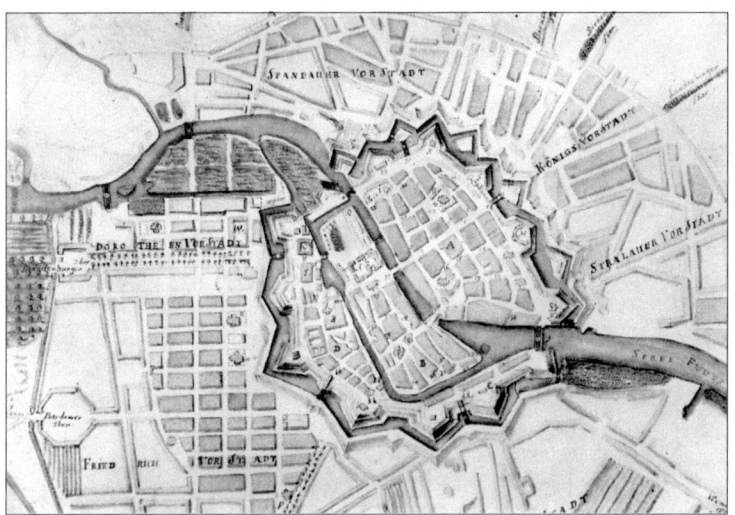

Abb.101 Die Bleichwiesen sind deutlich durch waagerechte Strichelungen in den Karten hervor gehoben (lt. Günther Schulz).

aufwendiger und arbeitsintensiver Vorgang. Das Tuch oder die Wäsche wurde ausgebreitet und immer wieder mit Wasser begossen. Die Sonnenstrahlen bewirkten eine chemische Reaktion: Der Sauerstoff der Luft verband sich mit dem Wasser zu Wasserstoffsuperoxyd, was zur Bleiche führte. Um das Bleichgut nicht zu beschmutzen, waren saubere und trockene Wiesen erforderlich. Den Kindern übertrug man es, die Wäsche zu begießen, was sie aber beim Spielen meist vergaßen. Wichtig war, daß genügend Wasser zur Verfügung stand. Daher befinden sich die Bleichwiesen immer in Wassernähe.

Der Bleichvorgang dauerte den „halben Sommer lang" und da es nur die natürliche Bleiche gab, waren weitläufige Flächen entlang der Spree dafür in Gebrauch. Wiesen, wie die im dorotheeischen Spreebogen, wurden von Gräben durchzogen, damit man direkten Zugang zum Wasser und nicht den weiten Weg bis zur Spree hatte. Schmutziges Wasser ließ man in Bottichen abstehen.

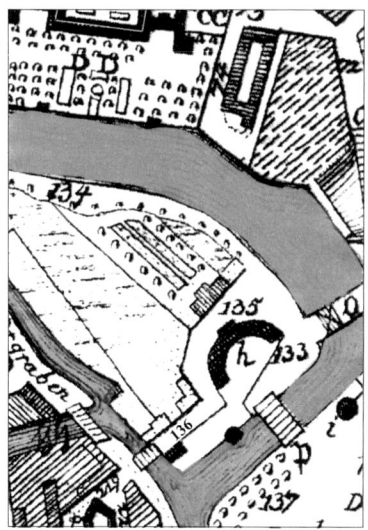 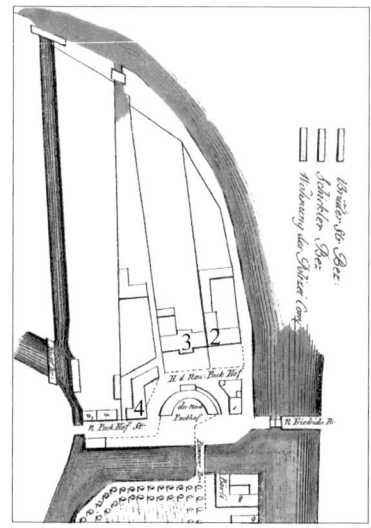

Abb.102 Die Bastion 13 ist abgetragen.

Abb.103 Die Nutzung hat neue Strukturen (1812).

Das Gelände (um 1760) ist bedeutend aufgewertet: An der Villa von Prof. Sulzer liegt ein gepflegter Garten (135), das Pomeranzenhaus (133) wird als Packhof genutzt, die beiden Zimmermannsplätze (136) liegen am Kupfergraben, entlang der Spree verläuft die „Chausse" (134).

Der Sulzersche Garten ist aufgeteilt. Das Haus (3) nennt sich nun Itzigs, später Levy'sches Palais. An der Spree liegt eine Wohnhaus (2) an der späteren Cantianstraße. Der rechte Zimmermannsplatz (4) hat durch die „Aufschwemme" Zugang zur Spree.

Das neue Pomeranzenhaus (133) oder Orangerie wurde 1685 erbaut. Beim Schleifen des Lustgartens 1715 kamen die Pflanzen nach Charlottenburg und Friedrichsfelde. Um 1745 wurde es Packhof. Dazu kamen mehrere Kräne und ein Wachthaus (Abb. 90). Nach verschiedenen Zwischennutzungen erfolgte 1857 der Teilabriß. 1876 wurden die Reste entfernt.

Am erweiterten Kupfergraben befindet sich der Packhof und das Hauptstempelamt, an der Spitze das Mehlhaus. Am Ufer der Spree lagen an der Cantianstraße elegante Wohnhäuser, eine kleine Parkanlage und ganz rechts an der Friedrichsbrücke die exquisite Welpersche Badeanstalt (ab 1816).

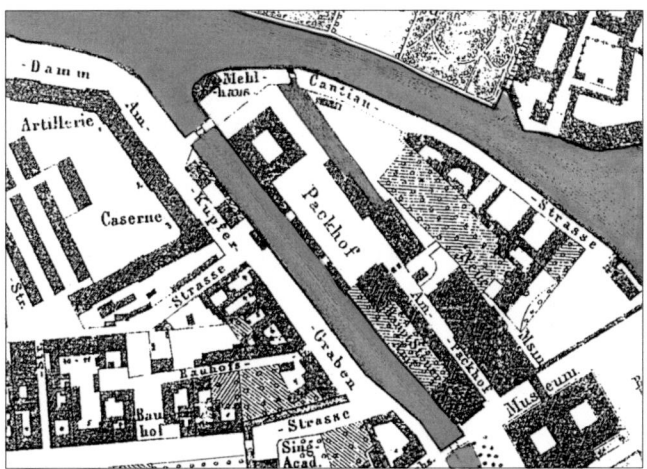

Abb.104 Die Situation um 1856.

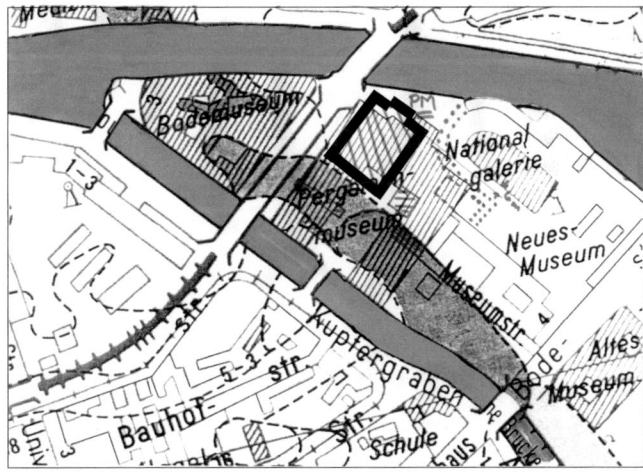

Abb.105 An der 1882 fertiggestellten Trasse der Bahnstrecke lag zur Spree hin das alte Pergamonmuseum (gestrichelt).

101

Zum Schluß noch eine Zusammenfassung der *Entstehungsdaten* der einzelnen Museen:

Altes Museum
1824–1828, Karl Friedrich Schinkel

Neues Museum
1843–1847, skizziert 1835 von Friedrich Wilhelm IV.,
von August Stüler 1841 fixiert

Nationalgalerie
1866–1876, mit Kolonnaden

Bahntrasse
1870–1882

Bode-Museum
1897–1904, ehemals Kaiser-Friedrich-Museum

Altes Pergamon-Museum
1898–1901, provisorischer Bau für Pergamenische Altertümer

Pergamon-Museum
1909–1930

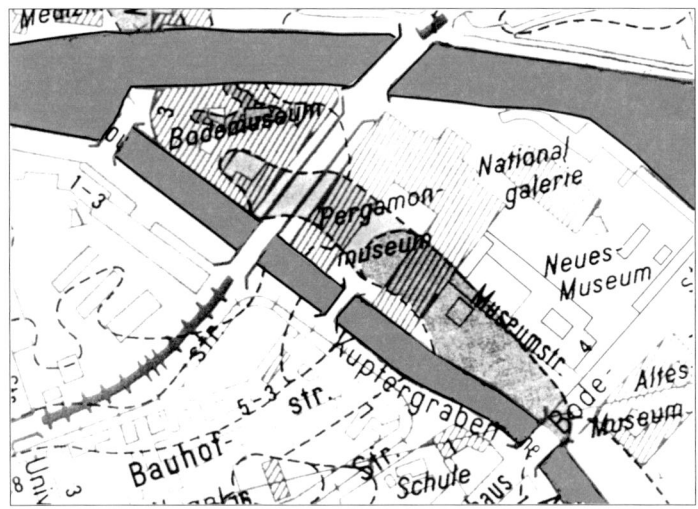

Abb.106 Die Museen auf der Museumsinsel. Der Torfkörper des einstigen Spreearms ist gestrichelt eingerahmt. Der Bahnkörper liegt zwischen Bode- und Pergamonmuseum.

Die Oberspree

Im Gegensatz zur Unterspree, wo die hohen Kaimauern auffallen, sind die Kaimauern an der Oberspree wesentlich niedriger. Besonders deutlich wird das auf der Oberwasserseite an der Stadtschleuse. Man verspürt eine ganz andere Atmosphäre, die von der angestauten Spree ausgeht. Bereits im 13. Jh. wurde sie durch das Stauwehr um etwa 2 m angestaut. Damit erhielt die Oberspree einem Pegel von gut 32 mNN.

Von hier aus wurde früher das angehobene Wasser der Spree in die beiden Stadtgräben geleitet, so daß sich auch dort im Bereich der Stadtgräben das Grundwasser auf 32 mNN erhöhte.

Erinnert sei daran, daß sich hier der Berliner Kessel befand, eine seeförmige Erweiterung, die eine Ausdehnung von 400 m hatte. Wie groß das Sicherheitsrisiko für die Verteidigung war, macht der Dresdner Plan deutlich. Bei der Errichtung der Fortifikation baute man im 17. Jh. die Bastion 7 zur Einengung ins Wasser (Abb. 108). Daher hieß diese Bastion auch die „Bastion im Morast". Im La Vigne-Plan[1] sind bereits einige Jahre später umfangreiche Aufschüttungen hinter der Bastion 7 sichtbar. Wo heute das Märkische Museum steht, war früher also Wasser, und man kann es sich kaum vorstellen, daß der Berliner Kessel einst bis weit hinter das Museum reichte.

1 Der La Vigne-Plan soll aus dem Jahr 1685 stammen.

Abb.108 Die Bastion 7, die „Bastion im Morast", wurde in den Spreekessel gebaut.

Eine weitere Kuriosität zeigt uns der Schulz-Plan von 1688 im damals bereits eingeengten Berliner Kessel: Am Rande der Fischerinsel stand, auf Pfählen gebaut, das sogenannte Zuchthaus. Es war kein Gefängnis, sondern diente der „Erziehung" von sozial Schwachen. Tuche wurden dort gewebt.

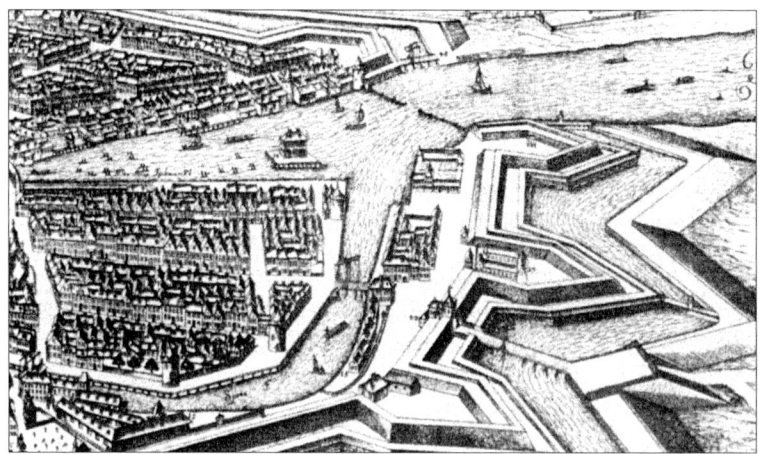

Abb.109 Die Spree am Oberbaum (Ausschnitt vom Schulz-Plan, 1688).

Der Spreestau im 13. Jh. wirkte sich bis nach Köpenick aus. Der Pegelanstieg betrug dort mehr als ½ m. Das war für die dortigen Siedlungen verhängnisvoll. Wie die archäologischen Funde [55] zeigen, mußte man dem Wasser durch Umzug weichen. Der Anstieg des Oberwassers an den Neu Cöllner Wiesen führte bei geringstem Hochwasser bereits zu Überschwemmungen. Auch die alte Furt bei Stralau [56] wurde überflutet.

Spreeaufwärts liegt die Oberbaumbrücke, in deren Nähe der Landwehrkanal abzweigt. Da der Landwehrkanal kilometerweit in das südliche Berliner Stadtgebiet hinein reicht, wird durch ihn das Oberwasser in die Stadt geleitet, so daß das Grundwasser bis zur Schleuse im Tiergarten auf 32 mNN angehoben ist. Eine Flutung des tiefer liegenden Geländes war die Folge. So ist auch der Neue See im Tiergarten durch Flutung von Bodensenken entstanden. Kaum jemand dürfte das bei einer Kahnfahrt bedenken.

Das Stadtgebiet ist so weitläufig, daß die Ursachen oft nur schwer erkennbar sind. So führt auch der Teltow-Kanal bis zur Klein-Machnower Schleuse Oberwasser. Es reicht also über die Stadtgrenzen weit hinaus!

Abb.110 Eine Kahnpartie auf dem Neuen See im Tiergarten.

105

Die Cöllner Gewässer und ihre Pegelstände im Überblick

Nachdem die Cöllner und Berliner ihre Stadtgräben ausgehoben hatten, staute man die Spree vermutlich im Jahr 1238 an der jetzigen Mühlendammbrücke. Mit dem angehobenen Wasser füllte man die Gräben. Beide Siedlungen lagen nun auf Inseln, die man mit den Gräben aus der Auenlandschaft herausgeschnitten hatte. Auf der Cöllner Seite war der erste Schritt zur Ausbildung der heutigen Spreeinsel getan.

Weitere Schritte begannen nördlich von Cölln mit dem Bau des Dominikaner-Klosters, dessen Konvent 1297 gegründet wurde. Damit verbunden war eine Umgestaltung des Cöllner Stadtgrabens. Die Spreeinsel erweiterte sich in nördlicher Richtung. Bei jeder Baumaßnahme war das der Fall. So auch beim Bau des Schlosses nach 1442.

Eine nachhaltige Strukturänderung hatte der Bau der Kammerschleuse zur Folge (vermutlich um 1553). Diese Schleuse lag an der jetzigen Schleusenbrücke und war die spätere Stadtschleuse. Damit wurde der alte Cöllner Stadtgraben im Mittelbereich überflüssig. Man schüttete ihn weitgehend zu, um Bauland zu gewinnen. Bei der Anlage der Festung des Großen Kurfürsten (ab 1658) waren wiederum umfangreiche Umleitungen der Wasserwege nötig. Schließlich aber, als Friedrich Schinkel das Alte Museum baute (1823/1828) und er den Kupfergraben verbreiterte, ergab sich letztendlich das heutige Aussehen der Spreeinsel.

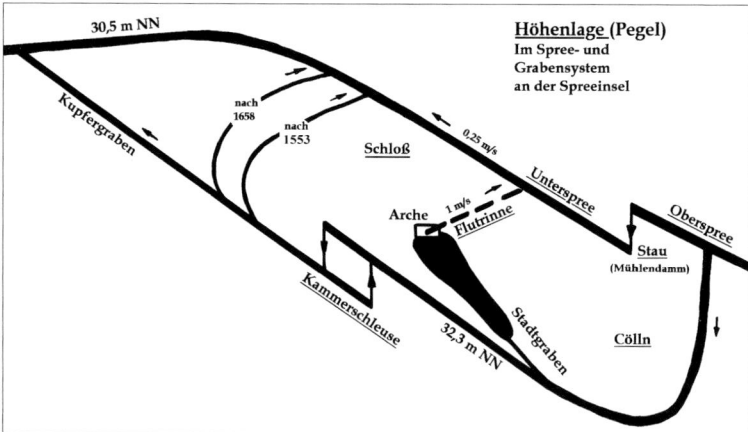

Abb.111 Wasserwege nach dem Stau der Spree. Die Pegelangaben sind Richtwerte.

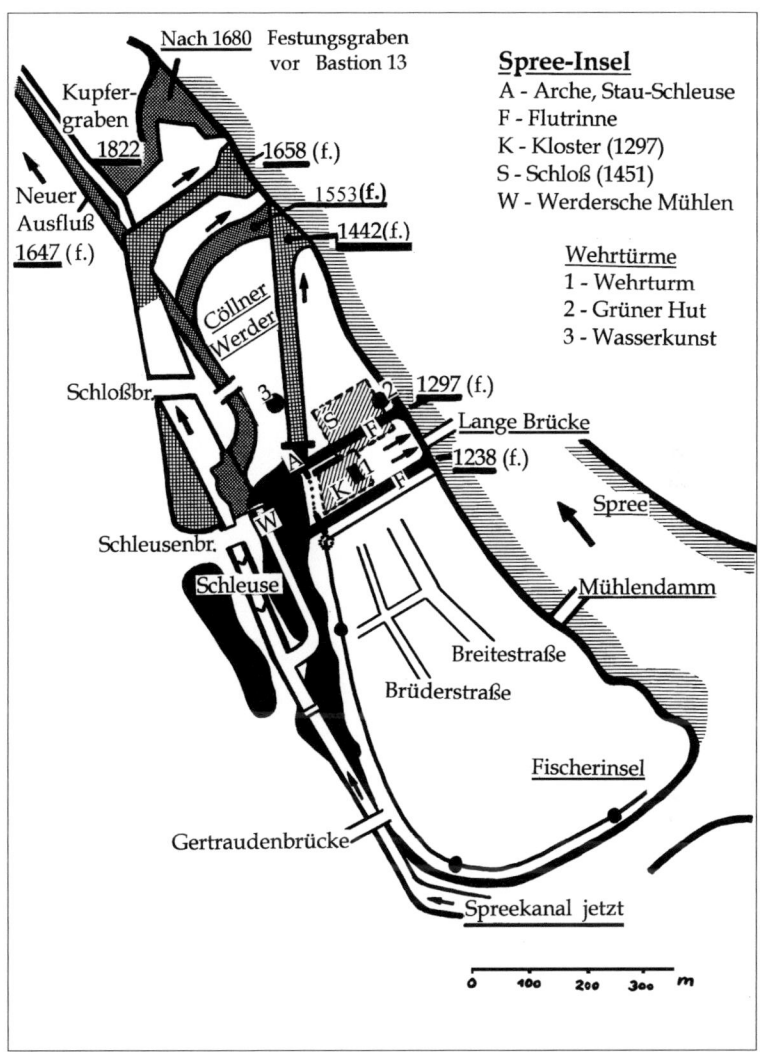

Abb.112 Der Verlauf der Stadtgräben in Cölln und die Zugänge zur Kammer-schleuse an der Schleusenbrücke. Die angegebenen Jahreszahlen sind ein Hin-weis, wann der Wasserweg in Nutzung ging.

107

Das Spree-Hochwasser in Berlin und Cölln

Das Hochwasser, das vorwiegend im Frühjahr auftauchte, ist nicht mit den Über-flutungen vergleichbar, die vor Tausenden von Jahren hier tobten! Verursacht wurde das Hochwasser von der Schneeschmelze in den hoch liegenden Quellbe-reichen der Spree. Es fiel besonders stark aus, wenn die Flußufer noch im Frost lagen und das Wasser schlecht oder gar nicht einsickern konnte.

Zur Zeit der Besiedlung von Berlin-Cölln dürfte das Hochwasser der Spree kaum eine Rolle gespielt haben. Wahrscheinlich war es nie höher als einen Me-ter, und da das Siedlungsgebiet fast vier Meter über der Spree lag, spielte der Anstieg von einem Meter keine Rolle. Selbst das Köpenicker Feld (Köpenicker Straße), das mit etwa 33 m NN recht niedrig lag, wurde bei Hochwasser kaum überflutet. Die Situation änderte sich aber mit dem Stau am Mühlendamm schlag-artig. Das um gut 1,5 m angehobene Oberwasser, in dessen Einzugsbereich das Köpenicker Feld lag, konnte nun das Gelände leicht überschwemmen. Die erste Klage ist aus dem Jahr 1524 bekannt, weitere aus dem 16. Jahrhundert liegen vor.

Dagegen haben die katastrophalen Hochwasser des 19. Jahrhunderts in Ber-lin-Cölln eine weitere Ursache: Über Jahrhunderte hinweg hatte man Fäkalien und Müll in die Spree und deren Kanäle geleitet. Das führte im Laufe der Zeit mehr und mehr zu einer Verstopfung der Unterspree. Die späteren Industrieab-fälle gaben dem Fluß den Rest. Durch die geringe Strömungsgeschwindigkeit der Spree und die ungünstige Form des Flußbettes konnte es nicht zu einer Selbst-reinigung kommen. Es verstopfte förmlich und war nicht mehr in der Lage, grö-ßere Wassermassen des Hochwassers in Richtung Spandau abzuführen. Die Pe-gel stiegen ständig an. Seit jeher wurde versucht, der Verstopfung der Unter-spree entgegen zu wirken, denn die seit 1711 existierenden Polizeiakten sind voll von ständigen Ermahnungen, die Spree und die Kanäle nicht zu verunreini-gen. Der Erfolg war offenbar mäßig. Wann diese Verstopfung deutlich in Er-scheinung trat, läßt sich nicht genau ermitteln. Wasserstandsmeldungen gibt es erst seit 1807.

Aber schon 1730, als die Petri-Kirche zu Pfingsten abbrannte, hatte sich das Frühjahrshochwasser bemerkbar gemacht. Den Schilderungen von Reinbeck [57] liegt eine Radierung bei, die die Kaimauer an der Friedrichsgracht zeigt. Dem-nach muß dort das Oberwasser mit 33 mNN angestanden haben. Das führte beim Bau der Nachfolgekirche zu der kuriosen Situation, daß eine Pfahlgründung angelegt wurde, obwohl sich dort guter Baugrund befindet. Aber König Fried-rich Wilhelm I. setzte die Baumeister so stark unter Zeitdruck, daß man nicht abwarten konnte, bis das Hochwasser gesunken und der durchweichte Baugrund abgetrocknet war. Man griff auf eine Pfahlgründung zurück.

Die lange Dauer des Frühjahrshochwassers wird immer wieder beklagt, besonders, wenn ein starker Frost das Versickern des Hochwassers behinderte. Beim jährlichen Frühjahrshochwasser stieg daher der Pegel der Unterspree so stark an, daß zwischen Ober- und Unterwasser kaum noch ein Unterschied zu erkennen war. Am Mühlendamm, wo der Stau einstmals knapp 2 m betrug, war von ihm nichts mehr zu sehen. Ober- und Unterwasser waren annähernd gleich hoch. Betroffen war der Schleusenkanal und der Schloßbereich, wo die Keller im erhöhten Grundwasser standen.

Der hohe Wasserstand der Unterspree von ca. 2,5 m über dem normalen Mittelwert blieb über viele Wochen nahezu gleichmäßig bestehen. Das Gelände war durchweicht, matschig, sumpfig. Diese Situation war für die Bürger unerträglich. Ihre Keller standen in jedem Jahr lange Zeit voll Wasser. Sie mußten sogar die Wohnungen verlassen. Dementsprechend waren die hygienischen Verhältnisse. Gebäude aus Holz, wie die Luisenstädtische Kirche, verfaulten und mußten abgerissen werden.

Am 14. März 1876 hatte das Hochwasser einen Höchstwert. Aber auch in den anderen Jahren war die Situation nicht viel besser, da die Werte nur wenige Zentimeter unter diesem Höchstwert lagen. Jahr für Jahr gab es diese Probleme.

Dazu einige Daten aus dem Jahr 1876. Es sind Angaben aus den alten Pegellisten vom Wasser- und Schiffahrtsamt Berlin, die als Handakten vorliegen. Zunächst die Daten der kritischen Tage im März. Des weiteren die Jahresdaten. Aus den Kurven wird deutlich, wie langsam sich die Lage beruhigte. Es ist unvorstellbar, daß es viele Wochen dauerte, bis der Pegel der Unterspree endlich abgesunken war und nicht mehr auf dem Niveau des Oberwassers lag.

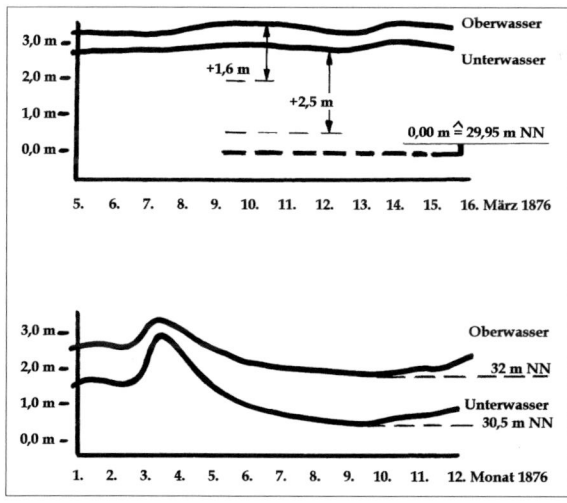

Abb.113 Die Hochwasserstände vom Jahr 1876 und deren zeitlicher Verlauf. Oben: Der Verlauf bis Mitte März. Unten: Der Verlauf über das ganze Jahr.

109

Bei den Betrachtungen muß man auch den Bereich einbeziehen, der mit den Gräben der Fortifikation in Verbindung stand. Aber auch der Landwehrkanal, der durch den Tiergarten führt, führte Oberwasser. Sie alle waren somit bei Hochwasser um etwa 1,5 m angeschwollen (Oberwasserpegel).

Auch für den Straßenverkehr gab es Probleme. Die Brücken mußten höher gelegt werden, damit die Schiffe auch noch bei Hochwasser passieren konnten. Als Zufahrt für die Brücken mußten Rampen angelegt werden. Wertvolles Straßenland ging verloren.

Während des Hochwassers mußten die Mühlen am Mühlendamm ihren Betrieb einstellen. Die Mühlräder standen völlig im Wasser und ruhten daher. Erst im Spätsommer, nachdem das Unterwasser zurückgegangen war, konnten die Mühlräder wieder ihre Drehkraft entwickeln. Diese sich jährlich wiederholende Situation führte letztlich dazu, daß die Mühlräder 1880 abgebaut wurden.

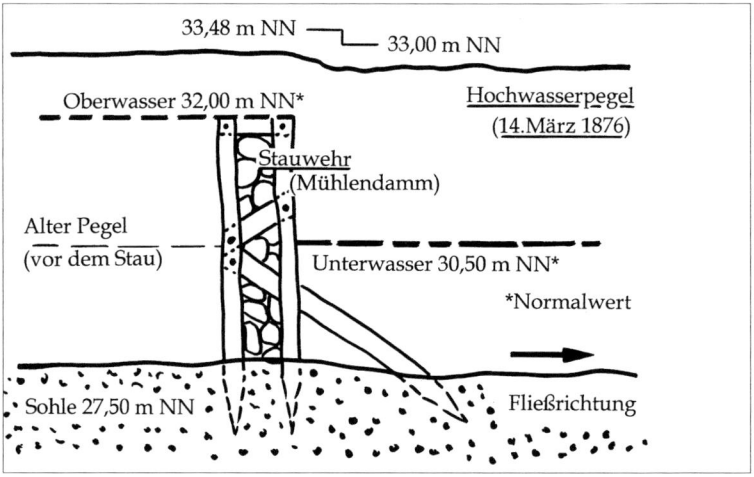

Abb.114 Situation am Mühlendamm-Stauwehr

Rudolf Virchow machte sich bereits um 1848 bezüglich der Hygiene größte Sorgen. Er verlangte umgehend eine Kanalisation der Abwässer. Daraufhin plante und realisierte man ab 1874 mit einem hohen Kostenaufwand das umfangreiche Kanalisationssystem, das aber erst zum Ende des 19. Jahrhundert zum Abschluß gebracht werden konnte. Die Unterspree wurde unterhalb des Humboldt-Hafens mit einem „Kraftakt" vertieft und kanalisiert, damit das Spreewasser in Richtung Spandau wieder abfließen konnte. Endlich waren die unerträglichen Auswirkungen des Hochwassers gebannt.

Kapitel 4: Der Mühlendamm

Einst das Herz Berlins, war der Mühlendamm nicht nur die erste und zunächst einzigste Verbindung zwischen den beiden Schwesterstädten, sondern wegen seiner Bebauung eine äußerst belebte Geschäftsstraße, die aus dem Bewußtsein der meisten Berliner verschwunden ist. Nur noch die „nackte" Mühlendammbrücke, mit ihren sechs Fahrspuren, erinnert uns an diese Örtlichkeit.

Abb.115 Die jetzige Mühlendammbrücke

Heinrich Herzfeld wird mit seinem Buch [58] der Bedeutung des Mühlendamms gerecht. Er zeigt uns umfangreiches Bildmaterial und gibt Hinweise auf die unendlich vielen Akten vom Amt Mühlenhof. Die Abrechnungslisten, die von zahllosen Schreibern geführt wurden, sind eine Fundgrube für Informationen über das Geschehen am Mühlendamm.

Über die Mühlendammbrücke, die in den 1960er Jahren als pfeilerlose Spannbetonbrücke ausgeführt wurde, saust nun der 6-spurige Verkehr. Kaum ein Autofahrer dürfte dabei daran denken, daß hier seit 800 Jahren ein wichtiger Spreepaß war. Das im 13. Jh. errichtete Stauwehr wurde mit einem Damm überbaut, eine äußerst wichtige Verkehrsverbindung zwischen den Schwesterstädten Berlin und Cölln und zwischen den Dörfern des Barnim und Teltow. Beide Gebiete hatten sich ab 1200 stark entwickelt. Mehr als 200 Dörfer waren neu gegründet, und der Austausch von Waren wurde durch diese Verbindung gefördert.. Auch profitierte der allgemeine Handel von dieser Nord-Süd-Verbindung. Der *direkte* Verkehr zu Wasser, den der Handel seit Jahrtausenden auf der Spree nutzte, war durch das Stauwehr jäh unterbrochen.

Durch zwei Mittelpfeiler entstanden im Damm drei Durchlässe, mit denen man das Oberwasser ins Unterwasser leitete. Um den Wasserfluß zu konzentrieren, wurden diese Durchlässe als Gerinne ausgeführt, so daß auf der Unterwasserseite Mühlenräder betrieben werden konnten.

Der Mühlendamm war eine Welt für sich und entwickelte sich zu einer stark frequentierten Geschäftsstraße. Das Angebot hatte ausgezeichnete Qualität, das Sortiment war vielfältig. Direkt in der Mitte der Mühlendammbrücke zweigte die Fischerbrücke zur Fischerinsel ab. Inmitten der vielen Gebäude kam man gar nicht auf die Idee, daß man sich auf einer Brücke befindet, unter der die Spree fließt.

Abb.116 Der Mühlendamm als Geschäftsstraße mit vielschichtgem Fahrzeug- und Fußgängerverkehr (W. Geißen, 1885; Stiftung Stadtmuseum).

Unterhalb des quirligen Lebens, im Untergrund, arbeiteten die Müller mit ihren Gesellen und Gehilfen in den Mühlen. Der Staub aus den Lohmühlen fegte oft in das Mehl. Es gab viel Streit im täglichen Betrieb. Enge, Dunkelheit und Feuchtigkeit herrschten vor. Bis zur Mitte des 17. Jahrhunderts gab es Korn-, Walk-, Lohmühlen und Schneidemühlen, mit denen Bauholz zugeschnitten wurde.

Der Brandschutz war äußerst mangelhaft, und so blieben Brände nicht aus. 1838 brannten die Mühlen gänzlich ab, wobei 15 Personen ums Leben kamen. Zunächst hatte der König den Betrieb neuer Mühlen verboten, hat dann aber seine Meinung doch noch geändert. Anstelle der verschiedenen Mühlengebäude wurde von 1844 bis 1846 von Persius ein großes steinernes Mühlengebäude in der Gestalt mittelalterlicher Kastellbauten errichtet. Die Mühlen waren bis 1873 staatlich verwaltet und später verpachtet. Sie stellten 1880 ihren Betrieb zugunsten einer geregelten Hochwasserabführung ein.

Abb.117 Mühlen am Mühlendamm, Unterwasserseite (vor 1838, Stiftung Stadtmuseum)

Abb.118 Mühlengebäude von Persius erbaut, Unterwasserseite (1846, Stiftung Stadtmuseum)

113

Vom Mühlendamm gingen immer wieder wichtige Impulse für die Entwicklung Berlins aus. Er war ein Antriebsmotor schlechthin. Vor Jahrhunderten hatte man mit der Errichtung des Stauwehres die Pegel aller Berliner Gewässer festgelegt. Hier befanden sich die Pegelbolzen des „Berliner Null" (29,95 mNN), in den geologischen Karten von Lossen als „Dammmühlen-Null" bezeichnet. Beim Bau neuer Brücken mußten diese Pegel wegen der Durchfahrtshöhe beachtet werden.

Abb.119 Häuser auf der Fischerbrücke (links) und dem Mühlendamm, Oberwasserseite (Stiftung Stadtmuseum).

Da sich die Strukturen des Mühlendamms unwesentlich geändert haben, können die nebenstehenden Karten zur Orientierung über die Straßenverhältnisse und die Lage der drei Gerinne heran gezogen werden: Rechter Hand befand sich die Oberspree. Sie wurde durch das Stauwehr (unter der Brücke) bis zu einer Höhe von 1,6 m bis 2 m aufgestaut. Eine Barriere, die den Menschen damals viel Respekt einflößte. Man sprach vom „angespannten" Wasser. Das Wehr bestand aus zahllosen rechteckig geschlagenen Eichenbalken, die in mehrere Reihen angeordnet waren, untereinander verkeilt und verbunden, beschwert mit großen Findlingen, um dieser energiereichen Wasserfront Einhalt zu gebieten (Abb. 114).

Das über das Wehr mit max. 50 m³/s schießende Wasser entsprach einer Leistung von max. 500 kW und wurde von Anfang an durch die drei Gerinne geleitet, in der sich mehrere riesige Mühlräder mit einem Durchmesser von 6 m befanden. Jedes lieferte 10 kW. Damit ließen sich jeweils drei Mahlgänge mit einem Mahlwerkdurchmesser von 1,5 m oder ein Sägemühlenwerk betreiben.

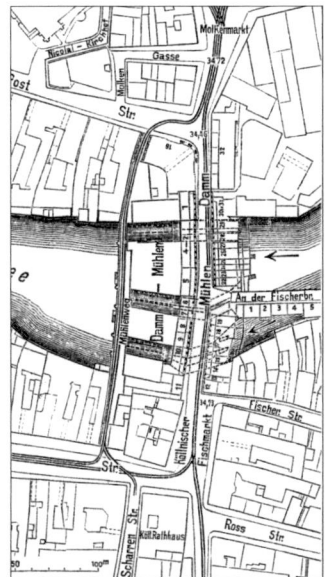 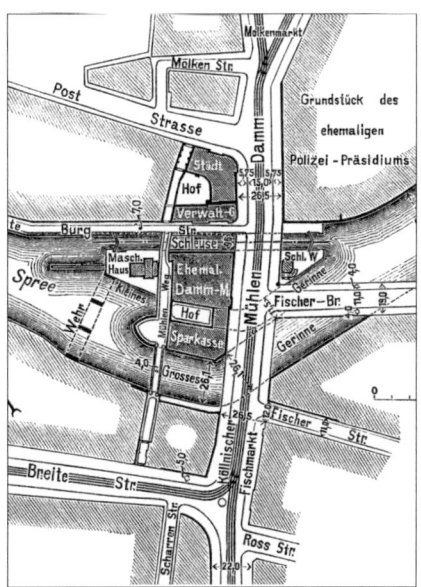

Abb.120 Mühlendamm. Links Situation vor und rechts nach dem Umbau. Gegenüber vom Ephrahimpalais lag einstmals das Amt Mühlenhof (ehemaliges Polzei-Präsidium). In der Mitte der Mühlendammbrücke zweigt die Fischerbrücke nach rechts (Zentralblatt der Bauverwaltung, 1894, Seite 250).

Parallel zum Mühlendamm verlief seit 1846 der sogenannte Mühlenweg zwischen Post- und Breite Straße. Eigentlich diente er als Zugang zu den Mühlen. Später verkehrte hier aus Platzmangel sogar die Pferdebahn.

Im oberen, dem Berliner (später königlichen) Gerinne wurde mit einem Mühlrad seit etwa 1571 die von Johann Blankenfelde erfundene Wasserkunst betrieben. Das geförderte Wasser sammelte man in einem Wasserturm (Poststraße 16). Aus dem Leitungssystem mit Holzröhren konnte Brauchwasser entnommen werden [59].

Auf dem Mühlendamm gab es anfänglich allerlei einfache Kramläden und hölzerne Buden. Ihre Inhaber standen unter der Gerichtsbarkeit des Amtes Mühlenhof und waren diesem zur Zinszahlung verpflichtet.

Während der letzten Regierungsjahre des Kurfürsten Friedrich Wilhelm erhielt der Mühlendamm ein neues Aussehen. Er ließ die Mühlen erneuern und 6 massive Gewölbe mit einer Spannweite von 4,75 m errichten, die paarweise ein Gerinne überspannten, gegründet auf Pfahlrosten. Er veranlaßte die Budenbesitzer zur Errichtung steinerner Neubauten, den ersten festen Geschäften der

115

Stadt. Vor diesen baute Nering die Kolonnaden. Die im Februar 1688 für den Verkehr freigegebene Anlage schloß auch die in der Dammmitte abgehende Fischerbrücke ein, die am Portal zwischen den Kolonnaden endete. Über dieser „Friedrichspforte" errichtete man einen Saal für die Kaufmannsgilde, der bis 1739 als erster Berliner Börsensaal diente.

Eine Skizze aus dem Stridbeckschen Skizzenbuch von 1690 gibt einen Eindruck von den Kolonnaden. Deren Besitzer hatten Erbrecht. Den Händlern wurden in den Bögen ein Platz für ihre Buden angewiesen. Aber manchmal hatten sich bereits die Refugiés eingenistet, weil sie keine andere Bleibe gefunden hatten. Schließlich hatte König Friedrich I. sämtliche Gerinne mit Quadern einfassen und überwölben lassen. Zwei Inschriftensteine mit den Jahreszahlen 1701 und 1707 bezeugen das. Auf den Fotos vom Abriß 1893 sind sie deutlich zu erkennen.

Über die Läden am Mühlendamm schreibt Zedlitz [60] 1834 wie folgt: „...Auf beiden Seiten läuft eine Bogenlaube, unter denen sich eine lange Reihe von Kaufmannsläden oder die Eingänge zu den Mühlen befinden. Größtenteils sind es Baumwoll- und Modewarenhandlungen. ... Auch findet man eine Konditorei, eine Buchbinder- und Galanteriewarenhandlung, Kleiderläden, eine Lotteriekollekte und zahlreiche andere Etablissements" und Herzberg schreibt: 1883 findet man, wie zu lesen ist, unter den Säulenhallen des Mühlendamms noch die alten jüdischen Kramläden mit allen Artikeln, vorzugsweise billige Kleidungsstücke und Kleinodien, „die keinen Probierstein in Versuchung setzen".

Welcher ungeheuren Belastung der Mühlendamm ausgesetzt war, zeigen einige Zahlen: 1883 liefen bereits zehn Pferdebahnlinien der Großen und der Neuen Pferdeeisenbahngesellschaft über den Mühlendamm. Die geringe Straßenbreite von 7,5 m zwischen den Fluchten der Kolonnaden gestattete jedoch nur die Verlegung von einem Gleis, das zweite zwängte sich kurvenreich über den Mühlenweg, der als zweite Zufahrt zu den Mühlen seit 1847 auf deren Nordwestseite diente. Bei einer Verkehrszählung im März 1891 registrierte man in sechzehn Stunden über 40 000 Wagen, also Pferdebahnwagen, Lastwagen, Omnibusse, Handwagen und Droschken, und über 40 000 Fußgänger. In beiden Richtungen fuhren täglich 2200 Pferdebahnwagen in der Zeit von 6–24 Uhr, auch während der Umbauphase des Mühlendamms!

Schließlich wurde 1888 ein umfangreicher Abriß eingeleitet. Der schlechte Zustand des Mühlendamms entsprach nicht mehr den Anforderungen des Verkehrs. Auch die Kolonnaden und das Mühlengebäude von Persius mußten fallen. Die Säulen am Ephraim-Palais hatten den Fußgängerverkehr schon immer stark eingeengt, was die zahllose Beschwerden beweisen. Ab 1893 baute man die Schleuse in das obere Gerinne, und als sie dann 1895 mit einer Länge von 110 m in Betrieb ging, war das Stauwehr durchbrochen. Damit war die Spree nach Jahrhunderten wieder durchgehend befahrbar. Die Schleusentore und die

Abb.121 Seit 1895 versorgte die Turbine im Maschinenhaus (Mitte links) den „Kraftspeicher" im dahinter liegenden Turm auf der Unterwasserseite (Stiftung Stadtmuseum).

anderen beweglichen Teile wurden in fortschrittlichster Weise mit einer Hydraulik angetrieben, deren Einspeisung aus dem Kraftspeicher im Turm des Sparkassengebäudes erfolgte. Dessen Füllung des Speichers besorgte die mit Wasserkraft betriebene 25 PS Turbine im Maschinenhaus. Es gab also keinen elektrischen Antrieb! Die Schleuse tat 42 Jahre lang ihren Dienst.

Das Bankgebäude war dem Persiusbau nachempfunden. Die neue Straßenbreite betrug 15 m, die Gehbahnbreite je 5,8 m. „Maße, die allen Anforderungen auch des stärksten Verkehrs genügen dürften", so das „Zentralblatt der Bauverwaltung" [61].

Abb.122 Sicht auf die Fischerbrücke, den Mühlendamm und die Schleuse (Oberwasserseite, Stiftung Stadtmuseum).

117

Daß diese Feststellung nur kurze Zeit den Tatsachen entsprach, zeigt die Denkschrift der Bauverwaltung vom November 1930 zum neuerlichen Umbau des Mühlendamms, die nun eine Gesamtbreite von 37,0 m vorsah.

Im Jahre 1937 kam der umfangreichste Umbau. Das Ephraim-Palais und die gegenüber liegende Baumasse wurde gänzlich abgerissen und eine Behelfsbrük-ke errichtet. Hier eine Aufnahmen vom Abriß.

Abb.123 Abriß des Pfahlrostes am Mühlendamm.

Man sieht historische Substanz. 40 000 Pfähle mit einer Länge bis zu 15 m mußten herausgezogen werden. Zwischen den Pfählen sieht man noch die zur Stabilisierung eingelegten Findlinge.

Trotz des Krieges wurden die Bauarbeiten bis ins Jahr 1942 fortgeführt und die neue Schleusenanlage betriebsfertig erstellt.

Der Neubau der pfeilerlos geplanten Mühlendammbrücke und der Abbruch der alten Schleuse aber wurden zurückgestellt. Die Brücke ist schließlich im Dezember 1968 fertiggestellt worden.

Es sei daran erinnert, daß unterhalb dieser Brücke im 13. Jahrhundert der Spreestau errichtet worden war. Das Wasser des Oberlaufs stieg so stark an, daß sich dort der Grundwasserpegel deutlich erhöhte. Diese Situation besteht bis zum heutigen Tage. Damit das auch so bleibt und die Natur mit genügend Grundwasser versorgt wird, muß der damals eingerichtete Stau weiterhin aufrecht erhalten werden. Die Staufunktion hat nun die Stadtschleuse übernommen.

Abb.124 Die 1942 fertiggestellte Stadtschleuse im jetzigen Zustand.

Abb.125 Die pfeilerlose Mühlendammbrücke jetzt.

Amt Mühlenhof

Auf der Berliner Seite des Mühlendamms befand sich rechter Hand von Anfang an der Mühlenhof, der sich zum Amt Mühlenhof entwickelte. Für die Landesherren war das eine wichtige Einnahmequelle. Das Amt war eine Welt für sich. Von hier aus wurden sämtliche Mühlen, auch die zum Umland gehörenden, kontrolliert. Es herrschte eigene Gerichtsbarkeit mit Gefängnis und Folterwerkzeugen. Zahlreiche Bedienstete nahmen die umfangreichen Aufgaben wahr. Sie wurden hier beköstigt, mit dem selbst gebrauten Bier versorgt und aus der eigenen Schneiderei eingekleidet.

Aus der Bäckerei, Schneiderei, Schlächterei mit Stallungen und Geflügelhaltung wurde sogar das Schloß mit seinen zeitweilig ständig anwesenden 400 Personen mit Speis und Trank versorgt. Dazu die 200 Pferde im Marstall. Auf dem Mühlenhof kam der Überschuß an Nahrungsmitteln zusammen, der auf den Domänenämtern der Umgebung anfiel: Korn, Vieh, Geflügel, Fische und was sonst noch zu des „Lebens Notdurft und Nahrung gehörte".

Abb.126 Blick auf das einstige „Amt Mühlenhof" (von der Fischerbrücke aus)

Zunächst gab es einen Mahlzwang für die Berliner und Cöllner Dörfer wie z.B. Dahlem, Zehlendorf oder Rudow. Um den Zeitaufwand für die Anfahrt und das Warten zu ersparen, ließ der Landesherr zögerlich weitere Mühlen zu. Sämtliche Mühlen wurden von hier aus betreut, auch die Windmühlen, so daß es für den Außendienst einen Mühlenmeister gab.

120

Anhang

Transport von Erdreich und Bauschutt

Der Arbeitsaufwand war unvorstellbar. Was heute von einem Bagger oder Lastwagen an einem Tage erledigt wird, mußte früher in wochen- oder monatelanger schwerer Arbeit geleistet werden.

...Bauschutt der Petri-Kirche

Die Petri-Kirche und zwanzig umliegende Häuser brannten zu Pfingsten 1730 ab. Noch nach 5 Wochen lagen dort riesige Schuttberge, obwohl bereits täglich einige hundert Fuhren weggeschafft waren [62]. „60 Wagen waren noch beschäftigt, wovon jeder täglich 10 Fuhren machen mußte. Trotzdem war am 25. Juli noch so viel Schutt vorhanden, daß man zweifelte, ob man in 4 Wochen alles wegschaffen kann".

...Auffüllung von Erdreich

Der „Raum vor der Bastion" wurde dem Fabrikanten Simon 1747 als Cattun-Bleiche angeboten [63]. Simon lehnte das Geschenk wegen der hohen Investitionskosten ab, weil er das ganze Stück vor der Bastion 13 um mindestens drei Fuß hätte erhöhen müssen. Das Gelände (18 000 m²) lag auf dem ehemaligen Festungsgraben und war die Gouvernementsbleiche. Von einem Rat Feldmann wurde eine umfangreiche Kalkulation aufgestellt. Aus den Daten geht hervor, daß täglich 80 Tagelöhner über einen Zeitraum von sechs Monaten mit Karren im Einsatz waren, um das Gelände um 80 cm zu erhöhen. Das Erdreich wurde vom Wall am Gießhaus herangeschafft.

Verlandungsprozesse

Die Verlandung der Flußtäler und der Senken ist ein äußerst komplizierter und langwieriger Vorgang. So brauchte es Jahrtausende, bis das 10 m tiefe Tal des eiszeitlichen Spreearms um 8 m aufgebaut, quasi „zugeschüttet" wurde.

Einige Varianten der Verlandung seien genannt:

Umschichtung des Bodens durch stark strömende Fließgewässer,

Ablagerung von Bio-Masse in stehenden Gewässern,

Bio-chemische Umwandlungen (Fäulnis) unter Sauerstoffabschluß,

Bildung von Torf als Endprodukt eines Moores und dessen anschließende Umwandlung zu Torfmudde.

Einige Begriffe, die beim Verlandungsprozess eine Rolle spielen:

Faulschlamm: Absatzstoff in sauerstoffarmen Gewässern, biochemisch umgewandelte organische Reste. Es bildet sich eine feinkörnige, graue bis schwarze Masse.

Schlick: Feinkörniges, schlammartiges Sediment in Gewässern. Enthält jede Art von organischen Substanzen.

Sand, Kies: Die Korngröße richtet sich nach der Fließgeschwindigkeit des Gewässers, als der Sand/Kies abgesetzt wurde.
Kies   (63 mm ... 2 mm).
Sand   (2 mm ... 0,063 mm).
Schluff   (0,063 mm ... 0,002 mm).
Ton   (< 0,002 mm).

Humus: Gesamtheit aller abgestorbenen organischen Stoffe, die sich im Boden befinden. Sie unterliegen einer ständigen Umwandlung.

Kolk: Erosionskessel mit mechanisch wirkenden Kräften in Fließgewässern. Weitere Begriffe: Laugungskolk, Kolkloch, Strudelkessel, Strudelloch, Strudeltopf.

Flachmoor: Das ist ein Niedermoor, das am Ende seiner Entwicklung mit Erlen, Kiefern und Birken bestockt ist. Bei günstigem Feuchtigkeitsklima tritt ein Weiterwuchs *oberhalb* des Wasserspiegels ein, wobei kein geschlossenes Wasserbecken vorhanden sein muß! Die Feuchtigkeit wird den wasserspeichernden Torfmooren entnommen.

Moor: Bruch für alle natürlichen Vorkommen mit Torfbildung in stehenden Oberflächengewässern. Eingeschwemmte mineralische Stoffe bewirken ein langsames Zuwachsen und Verlanden durch Pflanzenwuchs.

Ein Torfkörper entsteht nur bei Wasserüberschuß, wobei die Vegetationsdecke fortwährend im Wasser „ertrinken" muß. Der jährliche Zuwachs beträgt etwa 1 mm!

Die enorme Wasserspeicherung des Torfkörpers machen die Entwässerungsdaten deutlich. So fließen 2000 m³ Wasser je Hektar ab, wenn eine Wasserstandsabsenkung von 1 m durchgeführt wird.

Pfuhl: Kleines Feuchtgebiet in einer Senke mit Kontakt zum Grund- oder Oberflächenwasser. Verlandung durch Faulschlamm und Torfbildung.

Torf: Ein durch Entzug des Luftsauerstoffs entstandenes Zersetzungsprodukt in Mooren aus angesammelten abgestorbenen Pflanzenresten. Eine 1 m starke Torfschicht entsteht in etwa 500 Jahren!

Durch Inkohlung (Anreicherung von Kohlenstoff) ist die Umbildung zu Braunkohle möglich.

Mudde: Sedimentierung organischen Materials. Entstehung durch Fäulnis-Prozesse oder Ausflockung der im Wasser befindlichen Humuskolloide. Torf-Mudde hat sich aus Torf entwickelt und nimmt nur etwa 25% der Stärke der ehemaligen Torfschicht ein. Somit entstand eine 1 m starke Torf-Muddeschicht in etwa 2000 Jahren.

Bohrplan zum Schichtenverzeichnis

.

Die Ingenieurgeologische Karte (Ausgabe 2003) von Altberlin (423 D) basiert auf mehreren hundert Bohrungen. Im Folgenden wird eine Auswahl von Schichtenverzeichnissen angegebenen, die für die Besiedlung von Berlin und Cölln bestimmend waren.

Die ausgewählten Bohrungen sind in den Bohrplänen mit *kleinen Buchstaben* bezeichnet. Die *vierstellige* Zahl im Schichtenverzeichnis gibt die Bohrbezeichnung aus der Bohrkarte der Landes-Geologie an. In weiteren Bohrplänen sind die Konturen der nacheiszeitlichen Prozesse eingezeichnet. Das sind die Wahrscheinlichkeits-Bereiche, in denen die Talbildungen und die später entstandenen Überflutungsgebiete mit ihren Abtragungen und Verlandungen liegen. Genauere Daten müssen vor Ort durch Bohrungen festgestellt werden, da die Schichten äußerst komplex gelagert sind. Schon im Abstand von nur 1 m zeigt sich ein anderes Bild.

124

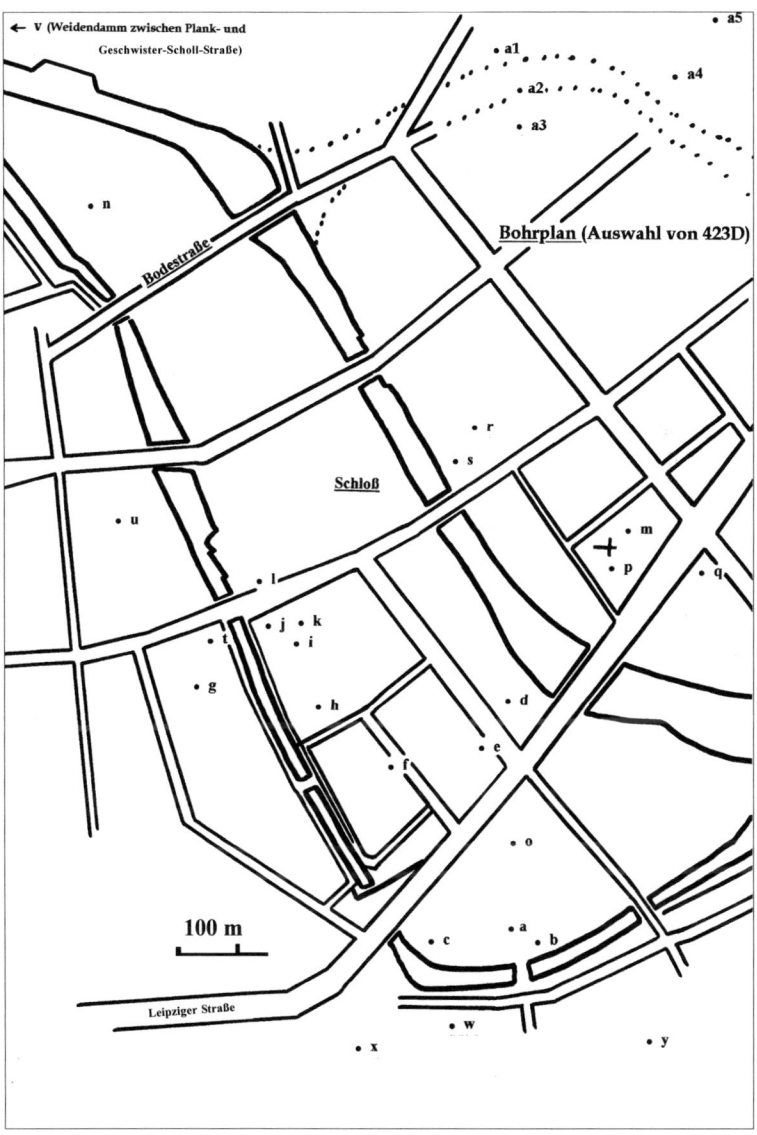

Abb. 127 Bohrplan zum Schichtenverzeichnis

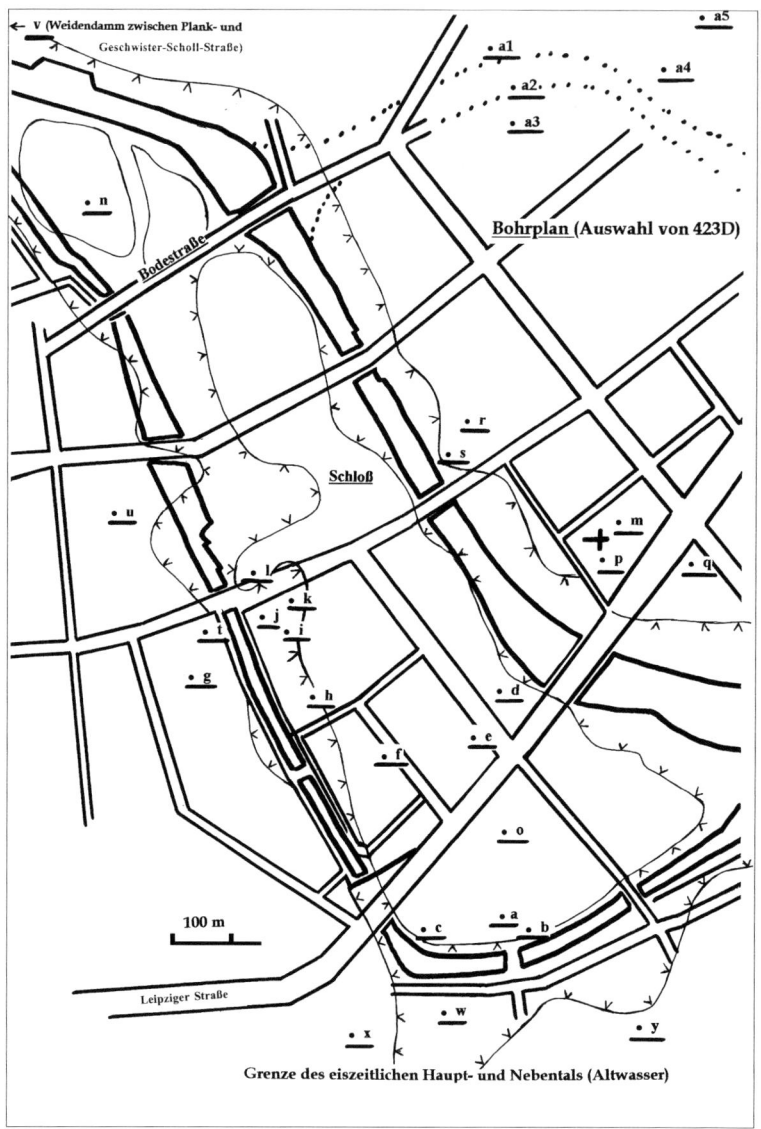

Abb.128 Bohrplan zum Schichtenverzeichnis. Dazu die Konturen des nacheiszeitlichen Haupt- und Nebentales der Spree

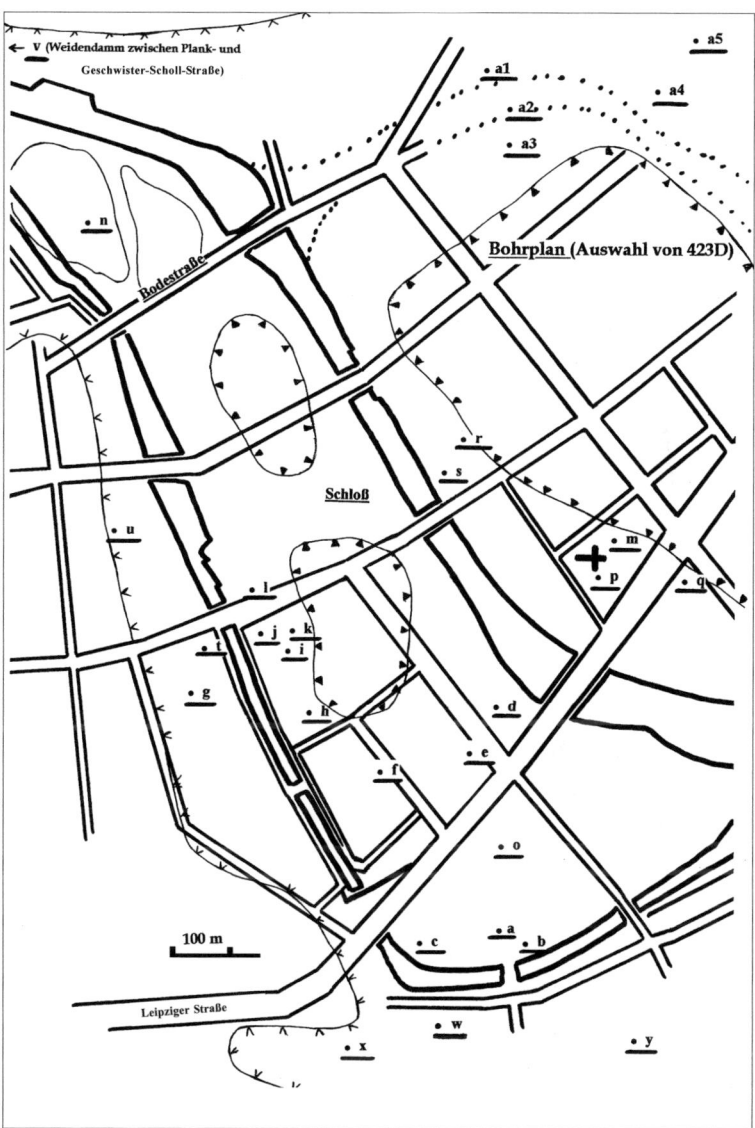

Abb.129 Bohrplan zum Schichtenverzeichnis. Dazu die Konturen der Talsand-flächen und des Überflutungsgebietes.

Schichtenverzeichnisse (Auswahl)

Die oberen Schichten bestehen meist aus *Auffüllungen*, die eine Tiefe von 2 m bis 4 m haben. Die Schichtbezeichnung *Moor* ist heute nicht mehr gebräuchlich, wurde aber früher bei den Bohrungen „n" benutzt. Damit ist ein Material gemeint, das man heute auch mit Torf-Mudde bezeichnet, also eine aus Torf hervor gegangene Mudde.

Abkürzungen in den Tabellen:

Auff.	=	Auffüllung	Mi.Sand	=	Mittelsand
F.	=	Feinsand	Moor	=	Torf-Mudde
Faulschl.	=	Faulschlamm	S.	=	Sand
G.	=	Grobsand	Wa.	=	Wasser
Hu.	=	Humus			

a/ 3367						
Schicht:	bis 2,50 m	bis 4,20 m	bis 8,80 m			Wa.4,2 m / 30,1 m
34.3 m NN(ca)	oder 31,8 m Auff.	oder 30,1 m Feinsand	oder 25,5 m Mi.Sand	mit Kohle- spuren	darunter Sand	

a1/ 3732						
Schicht:	bis 4,80 m	bis 5,50 m	bis 6,20 m			Bereich Berliner
36,9 m NN	oder 32,1 m Auff.	oder 31,4 m Auff.	oder 30,7 m Sand	darunter Sand		Stadt- graben /Spand- auer Brücke

a2/ 3726 Schicht:	bis 3,00 m	bis 5,30 m	bis 6,10 m	bis 7,80 m		Bereich Berliner
36,4 m NN	oder 33,4 m Auff.	oder 31,1 m Sand	oder 30,3 m Faulschl.	oder 28,6 m Sand	darunter Sand	Stadt-graben /Spand-auer Brücke

a3/ 3740 Schicht:	bis 4,00 m	bis 9,60 m				Bereich Berliner
36,5 m NN	oder 32,5 m Auff.	oder 26,9 m Sand gelb	darunter Sand			Stadt-graben /Spand-auer Brücke

a4/ 3719 Schicht:	bis 4,00 m				von 1967	Bereich Berliner
36,6 m NN	oder 32,6 m Auff.	darunter Sand				Stadt-graben /Spand-auer Brücke

a5/ 3642 Schicht:	bis 4,00 m	bis 6,00 m			**von 1893 !**	Bereich Berliner
36,54 m NN	oder 32,54 m Auff.	oder 30,54 m heller Sand	darunter Sand		**Wa. 6 m /30,54 m**	Stadt-graben /Spand-auer Brücke

b/ 3373 Schicht:	bis 3,00 m	bis 3,50 m	bis 6,20 m			Wa.4,2 m / 30,1 m
34,3 m NN(ca)	oder 31,3 m Auff.	oder 30,8 m Humus	oder 28,1 m Feinsand			

c/ 3854 Schicht:	bis 3,20 m					Wa.4,7 m /29,97 m
34,67 m NN	oder 31,47 m Auff.	darunter Sand				

d/ 3789 Schicht:	bis 3,20 m					Wa.4,2 m /30,86 m
35,06 m NN	oder 31,8 m Auff.	darunter Sand				

e/ 3795 Schicht:	bis 3,10 m	bis 3,80 m	bis 4,30 m			Wa.6,4 m /29,32 m
35,72 m NN	oder 32,62 m Auff.	oder 31,92 m Mi.Sand	oder 31,42 m Grobsand			

f/ 3365 Schicht:	bis 2,30 m	bis 3,20 m				Wa.,80 m /29,75 m
34,55 m NN	oder 32,25 m S., Hu. Ziegel	oder 31,35 m Mi.Sand	darunter Sand			

g/ 3343 Schicht:	bis 2,20 m	bis 3,00 m	bis 5,40 m			Wa.,30 m /30,31 m
34,61 m NN	oder 32,41 m Auff.Hu. Ziegel	oder 31,61 m Auff.	oder 29,21 m Mi.Sand	darunter ebenso		

h/ 3795 Schicht:	bis 1,8 m	bis 3,30 m	bis 5,70 m			Wa.1,8 m /32,15 m
33,95 m NN	oder 32,15 m Auff.	oder 30,65 m Faul- schlamm, Ziegel	oder 28,25 m Grobsand 0,6%Org. Substanz	darunter Grobsand		

i/ 3815 Schicht:	bis 1,30 m	bis 2,70 m	bis 4,00 m			Wa. 3 m /29,27 m
32,27 m NN	oder 30,97 m Auff.	oder 29,57 m Faulschl. Grobsand	oder 28,27 m Kies	darunter Mi.Sand		

j/ 3801 Schicht:	bis 2 m	bis 4,40 m	bis 5,00 m	bis 6,10 m		Wa. 2 m /30,28 m
32,28 m NN	oder 30,28 m Wasser	oder 27,88 m Auff.	oder 27,28 m Faulschl.	oder 26,18 m Feinsand	darunter torfiger Faulschl.	

k/ 3802 Schicht:	bis 1,85 m	bis 3,00 m	bis 4,40 m	bis 7,30 m	bis 9,00 m	bis 10,6 m
32,3 m NN	oder 30,45 m Wasser	oder 29,3 m Auff.	oder 27,9 m Faulschl.	oder 25 m Torf Faulschl.	oder 23,3 m mooriger Faulschl.	oder 21,7 m grauer Feinsand
Wa.1,85m /30,45 m						darunter toniger Treib-S.

132

l/ 3604 Schicht:	bis 4,0 m					
34,95 m NN	oder 30,95 m Bausch.	darunter sandig kiesig				
m/ 3752 Schicht:	bis 2,70 m	bis 3,30 m	bis 8,00 m	bis 13,0 m		Wa.4,6 m /30,8 m
35,4 m NN	oder 32,7 m Auff.	oder 32,1 m Auff.	oder 27,4 m Mi.Sand Feinsand	oder 22,4 m Mi.Sand F.,G. gelb	darunter Sand grau	
n1/ 3533 Schicht: auch **B57**	bis 3,05 m	bis 5,90 m	bis 11,00 m	bis 18,0 m		Bohrung bis 60 m Tiefe
34,11 m NN	oder 31,06 m Auff.	oder 28,21 m Moor	oder 23,11 m mooriger Sand grau	16,11 m fein mooriger Sand	darunter scharfer S. grau Steine	
n2/ 3534 Schicht:	bis 2,00 m	bis 3,35 m	bis 4,70 m			
34,07 m NN	oder 32,07 m Moor- boden	oder 30,72 m schmier. Sand grau	oder 29,37 m scharfer S. grau Steine	darunter Sand grau		

n3/ B8 (3519)	bis 11 m	bis 29 m	bis 35 m	bis 39 m	bis 41 m	darunter
	scharfer grauer Sand	mooriger Sand	schwarz Moor Boden	mooriger Sand	scharfer grauer Sand	Sand und Steine
n3/B10	bis 4 m Feiner grauer Sand	bis 9 m mooriger Sand	bis 32 m Moor Boden		**Als Beispiel am rechten**	**Flügel des Pergamon Museum**

o/ 3863 Schicht:	bis 3,30 m	bis 10,20 m				Wa.4,5 m /30,39 m
34,89 m NN	oder 31,59 m Auff.	oder 24,69 m Grobsand	darunter ebenso			

p/ 3149 Schicht:	bis 1,60 m	bis 2,50 m	bis 4,30 m	bis 30,0 m		Poststr. 21/22
	Funda- ment	Sand schwarz	Sand gelb	Sand Kies		Wasser 4,3 m

q/ 3148 Schicht:	bis 1,00 m	bis 3,00 m	bis 7,00 m	bis 40,0 m		Molken- Markt 7/ Eiergasse
34,83 m NN	oder 33,83 m Schutt	oder 31,83 m sandige Erde	oder 27,83 m Grobsand gelb	-5,17 m Grobsand Kies grau		**von 1883 !** Wa.2,92m /31,91 m

r/ 3104 Schicht:	bis 2,60 m	bis 3,20 m	bis 4,20 m	bis 47 m	bis 58 m	bis 65 m
Wasser 4,5 m	Mauer-schutt	Sand lehmig kalkhalt	Feinsand nicht kalkhalt	Grobsand	Braun-kohle	Schluff

s/ 3103 Schicht:	bis 4,10 m	bis 5,30 m	bis 5,80 m			Ansatz 2,8 m u. Tage
Wasser 4,8 m	Auff.	Torf und Holz	Mi.Sand			**von 1912 !**

t/ 3800 Schicht:	bis 3,80 m	bis 4,20 m	bis 5,40 m			
Wasser 3,8 m	Schutt	Schluff	Mi.Sand	darunter ebenso		

u/ 3266 Schicht:	bis 1,00 m	bis 5,00 m	bis 35 m			Nieder-lage-str.3
33,78 m NN	oder 32,78 m	oder 28,78 m	oder -1,22 m			**von 1895 !**
	Auff.	Mi.Sand	Sand Gemergel			Wa.3,2 m /30,58 m

v1/ 3662 Schicht:	bis 3,20 m	bis 3,50 m	bis 4,20 m	bis 5,0 m	bis 6,90 m	bis 25 m
34,37 m NN	oder 31,17 m	oder 30,87 m	oder 30,17 m	oder 29,37 m	oder 27,47 m	oder 9,37 m
	Auff.	lehmiger Sand	Faulschl. Sand	Mi.Sand	humoser Sand	Sand

Weidendamm nahe Plankstraße

v2/ 3661 Schicht:	bis 4,70 m	bis 5,70 m	bis 7,50 m	bis 8,5 m	bis 22 m	
34,83 m NN	oder 30,13 m	oder 29,13 m	oder 27,33 m	oder 26,33 m	oder 12,83 m	
	Auff.	Flach- moortorf	humoser Sand	Feinsand	Sand	

Weidendamm nahe Geschw.-Scholl-Straße

w/ 3457 Schicht:	bis 4,00 m	bis 4,20 m	bis 5,20 m	bis 11,2 m		Wallstr. 9–13
34,37 m NN	oder 30,37 m	oder 30,17 m	oder 29,17 m	oder 23,17 m		Bohr- ansatz 3,2 m u. Tage
	Wasser	Mi.Sand	Mi.Sand	Sand		

x/ 3749 Schicht:	bis 4,00 m	bis 5,60 m	bis 23 m	bis 48 m	bis 51 m	Wa. 6 m /29,4 m
35,4 m NN	oder 31,4 m Auff.	oder 29,8 m Sand gelb	oder 12,4 m Weichsel Sand	oder -12,6 m Saale Sand	oder -15,6 m Int.glaz Sand	

y/ 3601 Schicht:	bis 5,00 m					Wa. 5 m /30,4 m
35,4 m NN	oder 30,4 m Bau-schutt	darunter Sand, Mi.Sand				

Sachwortverzeichnis:

Literaturanmerkungen

1 Bekmann, Bernhard Ludwig: Historische Beschreibung der Chur- und Mark Brandenburg, Bd. 1, Berlin 1753
2 Lossen, A. F.: Der Boden der Stadt Berlin, Berlin 1879
3 Vahldiek, Hansjürgen: Die geologische Karte von Berlin, Mitteilungen des Vereins für die Geschichte Berlins, Heft 1, Januar 2003
4 Schulz, Günther: Die ältesten Stadtpläne Berlins, Weinheim 1986
5 Nicolas, Raoul: Die ältesten Stadtansichten von Berlin, Zeitschrift des Vereins für die Geschichte Berlins, Heft 2, 1937
6 Vahldiek, Hansjürgen: Von der Stadtentwicklung an der Spreeinsel, Mitteilungen des Vereins für die Geschichte Berlins, Heft 1, Januar 2002
7 Schulz, Günther: Die ältesten Stadtpläne Berlins, Weinheim 1986
8 Kiekebusch, Albert: Die Berliner Hufen, Brandenburgica, Berlin 1916
9 Jäger, Klaus-Dieter: Oscillations of the water balance during the Holocene in interior Central Europe, Quaternary International 91, 2002, 33–37
10 Tuchen, Birgit: Tübingen, nicht veröffentlicher Vorbericht (für Bundesamt für Bau- und Raumordnung, Berlin)
11 Solger, Friedrich: Mitteilungsblatt der Landesgeschichtlichen Vereinigung für die Mark Brandenburg, Nr. 50, 1965, Seite 417
12 Schmidt, J. M. F.: Historischer Atlas von Berlin, Berlin 1835
13 Klöden, Karl Friedrich: Über die Entstehung, das Alter und die früheste Geschichte der Städte Berlin und Kölln, Berlin 1839
14 Nicolas, Raoul: Die ältesten Stadtansichten von Berlin, Zeitschrift des Vereins für die Geschichte Berlins, Heft 2, 1937
15 Elsholz, Johann Sigismund: Titelblatt von Ms. Borruss. Folio 450, 1660
16 Stridbeck, Johann, d. J., Die Stadt Berlin im Jahre 1690, Staatsbibliothek Berlin, Handschriftenabteilung
17 Rudolf, H.: Die Berliner Stadtbahn, Berlin 1883
18 Herrmann, Joachim: Cölln und Berlin. Bäuerliche Rodungsarbeit und landesherrliche Territorialpolitik, Zentralinstitut für Geschichte, Jahrbuch für Geschichte, Bd. 35
19 Krabbo, H.: Regesten der Markgrafen von Brandenburg, Berlin 1910
20 Herrmann, Joachim: Cölln und Berlin. Bäuerliche Rodungsarbeit und landesherrliche Territorialpolitik, Zentralinstitut für Geschichte, Jahrbuch für Geschichte, Bd. 35
21 Schich, Winfried: Das mittelalterliche Berlin, Geschichte Berlins, Hrsg. W. Ribbe, Berlin 2002
22 Hofmann, Michael: Vom Stabbohlenhaus zum Haus der Wirtschaft, Beiträge zur Denkmalpflege in Berlin, Heft 14, 1999
23 Dressler, Torsten: Genese des Areals Podewilssches Palais, Archäologischer Grabungsbericht, Berlin 2002
24 Seyer, Heinz: Ausgrabungen in der Petri- Kirche, Zeitschrift für Archäologie 5, Berlin 1960
25 Hofmann, Michael: Der Friedhof unter der mittelalterlichen Berliner Nikolai- Kirche, Jahrbuch des Märkischen Museums, Band 9, 1983
26 Herrmann, Joachim: Cölln und Berlin. Bäuerliche Rodungsarbeit und landesherrliche Territorialpolitik, Zentralinstitut für Geschichte, Jahrbuch für Geschichte, Bd. 35
27 Klehmet: Beiträge zur Geschichte der märkischen Wasserstraßen, Wochenschrift des Architekten-Vereins zu Berlin, Nr. 35, Berlin 1908
28 Clauswitz, P.: Das Stadtbuch des alten Kölln an der Spree, Schriften des Vereins für die Geschichte Berlins, Heft 52, Berlin 1921
29 Klehmet: Beiträge zur Geschichte der märkischen Wasserstraßen, Wochenschrift des Architekten-Vereins zu Berlin, Nr. 35, Berlin 1908
30 Geyer, Albert: Die Geschichte des Schlosses zu Berlin, Teil I, Text- und Bildband, Berlin 1935

31 Frings: Die Ausgrabungen auf dem Schloßplatze zu Berlin, Wochenblatt für Architekten und Ingenieure, Berlin 1880

32 Danneil, Johann: Altmärkisch-Plattdeutsche Mundarten, Salzwedel 1859

33 Lexer, Matthias: Mittelhochdeutsches Wörterbuch, 1959

34 Clauswitz, P.: Das Stadtbuch des alten Kölln an der Spree, Schriften des Vereins für die Geschichte Berlins, Heft 52, Berlin 1921

35 Peucker, Nicolaus: Wohlklingende Pauke, Hrsg. Georg Ellinger, Berlin 1888

36 Ahrens, Karl-Heinz: Residenz und Herrschaft, Frankfurt/M 1990

37 Ulpts, Jürgen: Die Bettelorden in Mecklenburg, 2002

38 Clauswitz, P.: Das Stadtbuch des alten Kölln an der Spree, Schriften des Vereins für die Geschichte Berlins, Heft 52, Berlin 1921

39 Geyer, Albert: Die Geschichte des Schlosses zu Berlin, Teil I, Text- und Bildband, Berlin 1935, Seite 16

40 Wimmer, Clemens Alexander: Geschichte und Pflege, Addenda zum Berliner Lustgarten, Berlin 1991

41 Voigt, F. und Fidicin E.: Urkundenbuch zur Berlinischen Chronik, Berlin 1880, Nr. CCCLXXV, Mai 1527

42 Wendland, Folkwin: Berlins Gärten und Parke, 1979

43 Lynar, Graf Rochus zu: Kriegsbaumeister, Geh. Staatsarchiv Berlin, Rep 21. 138c Fasz. 6, Blatt 43, 16. August 1578

44 Wanderungen eines fahrenden Schülers durch Berlin, 1591, Der Bär, 1879, Seite 45, mitgeteilt vom Staatsarchivar Dr. v. Bülow in Stettin

45 Geyer, Albert: Die Geschichte des Schlosses zu Berlin, Teil I, Text- und Bildband, Berlin 1935, Anhang

46 Seidel, Paul: Der Lustgarten am Schlosse in Berlin bis zu seiner Auflösung im Jahre 1715, Leipzig 1890

47 Acta zum Lustgarten beim königl. Schloß zu Berlin, Geheime Staatsarchiv Berlin, Rep 36 / Nr. 2879

48 Elsholz, Johann Sigismund: Titelblatt von Ms. Borruss. Folio 450, 1660

49 Ahrens, Karl-Heinz: Residenz und Herrschaft, Frankfurt/M 1990

50 Seidel, Paul: Der Lustgarten am Schlosse in Berlin bis zu seiner Auflösung im Jahre 1715

51 Elsholz, Johann Sigesmund: Hortus Berolinensis, MS Borruss. Quart.12, 1657

52 Schulz, Günther: Die ältesten Stadtpläne Berlins, Weinheim 1986

53 Acta Simon, Geheimes Staatsarchiv Berlin: II. HA Generaldirektorium, Kurmark Tit. CXV Stadt Berlin Sekt. 1 (Fabriken) Nr.6 (damals Nr.24) ... 1747"

54 Kind, W.: Textilindustrie, Band III, Waschen, Bleichen, Färben (1987)

55 Malliaris, Michal: Ausgrabungen in der Altstadt von Berlin-Köpenick, Senatsverwaltung f. Stadtentwicklung, Miscellanea Archaeologica, 2000

56 Specht, Erich: Treptow wie es war und wurde, Berlin 1935

57 Reinbeck, Johann Gustav: Umständliche Nachricht von dem erschrecklichen Brande in der königl. Residenz Berlin, Berlin 1730

58 Herzberg, Heinrich: Mühlen und Müller in Berlin, Berlin 1987

59 Voigt, F. und Fidicin E.: Urkundenbuch zur Berlinischen Chronik, Berlin 1880, Nr. CCXXXIX, Dezember 1572, Vertrag des Rates zu Berlin mit dem Gewerke der Wasserkunst

60 Zedlitz, Leopold, Freiherr von: Conversations- Handbuch für Berlin und Potsdamm, Berlin 1834

61 Baugeschichtliches vom Mühlendamm in Berlin, Zentralblatt der Bauverwaltung, 16. Juni 1894, Jahrgang XIV, Nr. 24

62 Reinbeck, Johann Gustav: Umständliche Nachricht von dem erschrecklichen Brande in der königl. Residenz Berlin, Berlin 1730

63 Acta Simon, Geheime Staatsarchiv Berlin: II. HA Generaldirektorium, Kurmark Tit. CXV Stadt Berlin Sekt. 1 (Fabriken) Nr.6 (damals Nr.24) ... 1747

Abbildungsverzeichnis

Landesarchiv Berlin:
Abb. 4, 5, 6, 65, 90

Bildarchiv PK:
Abb. 10, 12, 16, 18, 19, 20, 39, 71, 87, 92

Stiftung Stadtmuseum:
Abb. 52, 64, 67, 116, 117, 118, 119, 121, 122

Vom Autor wurden verwendet:

Fotos von den Modellen
Abb. 13, 22

Graphische Handzeichnungen
Abb. 3, 8, 9, 11, 14, 17, 23, 25, 30, 31, 33, 37, 40, 47, 49, 50, 51, 53, 54, 56, 60, 61, 62, 63, 66, 75, 76, 81, 83, 88, 89, 93, 95, 97, 101, 106, 111, 112, 113, 114, 127, 128, 129, S. 30

Fotos aus den Jahren 2003/4
Abb. 24, 26, 27, 28, 36, 48, 57, 58, 68, 69, 70, 72, 73, 80, 94, 107, 110, 115, 124, 125

Privatarchiv
Abb. 18, 32, 82, 123, 126

Autorenverzeichnis

Danksagung

Bei der komplexen Materie ist es nicht verwunderlich, daß bei diesem Buch viele Beteiligte auch unbewußt mitgeholfen haben. Denn die Zuhörer meiner Vorträge, die Begleiter meiner Stadtführungen und die Besucher meiner durch Frau Rausch-Ambach initiierten Ausstellung im Zentrum für Berlin-Studien sind durch ihre Rückfragen beteiligt. Sie haben mich auf kritische Problemfelder hingewiesen.

Aber auch bei den vielen Archivaren möchte ich mich bedanken, die mir bei den Recherchen behilflich waren. Besonders gilt das für Frau B. Götze vom Zentralarchiv der Berliner Museen, die mich an das Material über den Bau des Pergamon-Museums herangeführt hat. Mein Dank gilt auch der Stiftung Stadtmuseum und dem Landesarchiv Berlin.

Ganz besonderer Dank gilt aber Herrn Dr. Thierbach, der mir die Arbeiten im Amt für Stadtgeologie ermöglichte. Ohne sein Entgegenkommen wären für mich die wichtigen Informationen zur Analyse der Ingenieurgeologischen Karte nicht zugänglich gewesen. Auch gaben mir die Anregungen und Diskussionen mit Herrn Dr. Kurt Wernicke wichtige Impulse. Das gilt auch für Herrn Prof. Herbert Schwenk, der mir mit seinen Ermunterungen zur Weiterarbeit immer wieder neuen Schwung gab.

Berlin, im Herbst 2004   Hansjürgen Vahldiek

Zum Autor:

Hansjürgen Vahldiek war während seiner beruflichen Tätigkeit als Hard- und Softwareentwickler vorwiegend mit naturwissenschaftlichen Problemen beschäftigt. Erst im Zusammenhang mit einer umfangreichen Namensforschung beschäftigte er sich mit der Erforschung historischer Vorgänge.

Diese Arbeiten schlossen auch Alt-Berlin ein. Dabei wurde deutlich, daß sich die Berlin-Literatur allzu oft widerspricht. Das war die Initialzündung für seine Berlin-Forschungen. Die Spreeinsel war künftig sein Hauptarbeitsgebiet. So entstand ein Bild der Entwicklung von Berlin und Cölln, völlig losgelöst von der gängigen Berlin-Literatur. Ausschließlich urkundliches und geologisches Quellenmaterial wurde zielgerichtet analysiert. Dabei kam ihm die fundamentale und funktionale Denkweise aus der Zeit seiner Berufstätigkeit zu Gute.